MÉMOIRE

SUR

L'AVANT-PROJET

DE

Dérivation des Sources

DE

LA VANNE

PARIS

IMPRIMERIE TYPOGRAPHIQUE ET LITHOGRAPHIQUE DE JULES-JUTEAU ET FILS, RUE SAINT-DENIS, 341

—

1866

VILLE DE PARIS

PONTS ET CHAUSSÉES

SERVICE MUNICIPAL DES TRAVAUX PUBLICS

Eaux et Égouts

MÉMOIRE

SUR L'AVANT-PROJET

DE

Dérivation des Sources

DE

LA VANNE

PARIS

IMPRIMERIE TYPOGRAPHIQUE ET LITHOGRAPHIQUE DE JULES-JUTEAU ET FILS, RUE SAINT-DENIS, 341.

1866

MÉMOIRE

SUR

L'AVANT-PROJET DE DÉRIVATION DES EAUX

De la Vanne

PREMIÈRE PARTIE

SITUATION DU SERVICE DES EAUX DE PARIS A LA FIN DE 1865

Service des Eaux.

1. La ville de Paris est alimentée partie en eau de rivière, partie en eau de source. Provenance des eaux.

Les eaux de rivière proviennent des établissements suivants :

1° Canal de l'Ourcq, 5,500 pouces ou		105,000 mètres cubes.	
2° Pompes à feu.	Port-à-l'Anglais.	6,000	»
	Maisons-Alfort.	8,000	»
	Quai d'Austerlitz.	22,000	»
	Chaillot.	38,000	»
	Auteuil.	3,000	»
	Neuilly.	5,000	»
	Saint-Ouen.	6,000	»
3° Pompes hydrauliques de Saint-Maur.		15,000	»
Total.		208,000	»

Mais, en réalité, le volume se réduit en pratique à 180,000 mètres cubes parce que le canal de l'Ourcq ne peut fournir que 95,000 m c dans les grandes sécheresses, et que les machines ne peuvent travailler toutes à la fois, qu'il faut admettre des temps d'arrêt pour réparations, etc., elles ne donnent régulièrement que.................................... 70,000

En ajoutant le volume d'eau monté par les machines de Saint-Maur qui est aujourd'hui de................. 15,000
et qui l'année prochaine sera porté à 40,000 mètres cubes, on a le volume total de...................... 180,000 m c

Les eaux de sources comprennent :

    1° Les eaux d'Arcueil......................... 1,000 m c

    2° Les eaux du puits de Grenelle 600

    3° Les eaux du puits de Passy 8,000

    4° Et depuis le 1er octobre les eaux de la Dhuis...... 24,000

Nous ne parlons que pour mémoire des sources du nord qui ne donnent qu'un volume insignifiant de mauvaise eau.

                              Total............ 33,600 m c

Cette année, ce volume se réduit à................. 33,000 m c
parce que l'aqueduc d'Arcueil ne donne pas plus de 400 mètres cubes, mais en temps ordinaire il sera porté à 36,000 mètres cubes, parce que les sources de la Dhuis fournissent habituellement 26,000 mètres cubes, et il sera, en réalité, de 49,000 mètres cubes quand les aqueducs secondaires de la dérivation de la Dhuis seront construits.

En résumé, dans une année très sèche, comme 1865, le volume d'eau dont le service peut disposer est donc

    Eau de rivière..................... 180,000
    Eau de source 33,000
              Volume total............ 213,000

Répartition sur la surface de Paris. 2. Ces eaux sont ainsi réparties sur la surface de Paris :

Les eaux du canal de l'Ourcq alimentent les quartiers bas, c'est-à-dire les 1er, 2e, 3e, 4e, 7e arrondissements, et les parties basses des 5e, 6e, 8e, 9e, 10e, 11e, 12e, 13e, 15e et 16e, et en outre les lacs du bois de Boulogne.

Les eaux de Seine puisées à Maisons-Alfort, et la moitié environ de celles refoulées par les machines du quai d'Austerlitz, sont réparties dans les quartiers hauts de la rive droite, les 19e et 20e arrondissements, et la partie haute des 11e et 12e.

Les eaux de la Dhuis sont exclusivement destinées au service privé des 18e, 19e et 20e arrondissements et aux parties hautes des 9e, 11e, 12e et 17e.

Les machines de Port-à-l'Anglais et une de celles du quai d'Austerlitz élèvent l'eau destinée au 14e arrondissement et aux parties hautes des 13e et 15e.

Les machines de Saint-Maur fournissent aujourd'hui 15,000 mètres cubes d'eau au bois de Vincennes.

L'eau montée par les machines de Chaillot se répartit sur les parties hautes de l'ancien Paris que n'atteint pas l'eau d'Ourcq, c'est-à-dire sur les coteaux de Chaillot, du faubourg Saint-Honoré, du quartier de l'Europe, des faubourgs Montmartre et Poissonnière, Saint-Denis et Saint-Martin, et le plateau du Panthéon. Elle alimente, en outre les grands établissements publics, tels que les Tuileries, les Ministères, l'Hôtel-de-Ville, les Hospices et une partie du bois de Boulogne, et dans le nouveau Paris, Passy, les Ternes, Batignolles, la dépression de La Villette.

Les eaux d'Auteuil et de Neuilly sont exclusivement destinées à Auteuil et à Passy.

Les machines de Saint-Ouen alimentent Montmartre, La Chapelle et une petite partie de Batignolles.

Les eaux du puits de Passy sont affectées au service du bois de Boulogne.

Enfin les eaux d'Arcueil et du puits de Grenelle se mêlent aux eaux de Seine pour alimenter le plateau du Panthéon.

Il résulte de là que les meilleures eaux de Paris, les eaux de la Dhuis et celles qui sont puisées dans la Seine en amont de la ville, sont distribuées dans les quartiers hauts, qui comprennent les anciennes communes de Belleville, Ménilmontant, Charonne, Bercy, Ivry, Gentilly, Montrouge, Vaugirard, Grenelle, Montmartre, Batignolles, La Chapelle et La Villette, c'est-à-dire la plus grande partie de la zône suburbaine.

3. En 1856, le volume d'eau distribué ne montait pas à plus de 80,000 mètres cubes.

Insuffisance du volume d'eau distribué.

Les souffrances étaient grandes alors. Aujourd'hui, quoique ce volume soit presque triplé, les souffrances sont les mêmes et cela tient aux causes suivantes.

Lorsque la zône suburbaine a été réunie à Paris, la quantité d'eau qui y était distribuée n'était que de 10,000 mètres cubes, de sorte que la pénurie était telle que toutes les eaux nouvelles ont dû y être réparties. C'est ainsi que les eaux des machines du quai d'Austerlitz, de Saint-Maur, de l'aqueduc de la Dhuis, ont été affectées à ce service suburbain, au grand détriment de l'ancien Paris, dont les besoins nouveaux n'ont pu être satisfaits.

<small>Souffrances dues aux sécheresses exceptionnelles que nous subissons.</small>

4. On verra aux pièces justificatives que si l'on fait abstraction de l'année très humide 1860, nous subissons depuis 1857 une sécheresse bien plus grande que celles observées dans tous les cours des XVII°, XVIII° et XIX° siècles.

On peut donc dire que dans les limites des observations connues, ces sécheresses *sont sans exemple*.

Il en est résulté que la conduite de prise d'eau des machines de Chaillot, établies d'après les basses eaux de 1719, ont complétement émergé sur la fin de 1865, et que le service s'est vu privé tout à coup d'un volume d'eau de 38,000 mètres cubes, et cela dans une saison où il ne tombait pas une goutte de pluie et où commençait la plus redoutable des épidémies. Si dans ce moment les eaux de la Dhuis n'avaient pas, très à propos, comblé ce vide, on ne sait ce qui serait advenu. Le lavage des ruisseaux et l'arrosage des voies macadamisées étaient suspendus, et une odeur infecte commençait à se dégager des égouts.

Le service des fontaines monumentales a été complétement suspendu pendant tout l'été, c'est-à-dire à l'époque de l'année où ces fontaines sont le plus utiles et agréables.

Le service du soir des bornes-fontaines n'a marché que par intermittence.

Les quartiers très élevés, tels que les sommets de Montmartre, de Belleville et de Ménilmontant ont complétement manqué d'eau pendant plusieurs jours et même sur certains points pendant des mois entiers.

A partir du 1ᵉʳ octobre, les eaux de la Dhuis ont été mélangées à celles de la Seine, et le service a pu être rétabli complétement à l'exception de celui des fontaines monumentales, qui, étant alimentées en eau d'Ourcq, ne pourront fonctionner l'été qu'après l'achèvement des machines de Trilbardou.

Les eaux de la Dhuis sont distribuées pures à Montmartre et à Batignolles, et les eaux des machines de Saint-Ouen puisées dans la Seine en aval de l'égout d'Asnières ne serviront plus désormais qu'au lavage des rues et des ruisseaux.

Il n'est pas probable que les souffrances de cette année puissent se renouveler, puisqu'à l'appoint des eaux de la Dhuis s'ajoutera l'année prochaine celui des eaux de Saint-Maur et de Trilbardou.

5. Il est facile de se rendre compte du volume d'eau normal qu'exige le service de Paris.

Volume d'eau nécessaire.

Volume actuel distribué dans la saison chaude, déduction faite des eaux de la Dhuis..................	189,000 ^{mc}
Service du soir de 3,000 bornes-fontaines suspendu en été faute d'eau................................	30,000
Les fontaines monumentales actuellement construites débitent 2,400 mètres cubes d'eau à l'heure; en les faisant marcher en été de six heures du matin à dix heures du soir, soit pendant 16 heures, elles consommeront en nombre rond...............................	40,000
Il reste à abonner aux eaux de la ville 33,000 maisons sur 59,000; les 26,000 maisons abonnées consomment 80,000 mètres; en admettant que les 33,000 non abonnées, propriétés moins importantes, consomment 25 p. 0/0 de moins, on trouve encore un déficit de................	60,000
Volume total nécessaire pour satisfaire à des besoins actuellement existants............................	319,000

Besoins futurs.

Il faut compter environ 1,000 bouches d'eau nouvelles à créer, soit à 20 mètres cubes chacune.............	20,000
Les squares et fontaines monumentales qui sont en projet absorberont 2,000 mètres cubes d'eau à l'heure, soit pour 16 heures................................	32,000
On est au-dessous de la vérité en évaluant les dépenses d'eau des nouvelles maisons à construire et les autres cas imprévus à..........................	49,000
Total.........	101,000 ^{mc}

En résumé, les besoins actuels exigent un volume d'eau quotidien de .... 319,000 m c

Les besoins futurs prévus ou imprévus 101,000

Total 420,000

Décomposition de ce volume. — Service public. — Service privé.

6. Si l'on décompose ces chiffres, on trouve que les services publics exigent :

Pour leurs besoins actuels 179,000

Id.   futurs 71,000

Total 250,000

Que le service privé exige :

Pour les besoins actuels ou prochains 140,000

Id.   futurs 30,000

Total .... 170,000 m c

On admettra sans difficulté que les 250,000 mètres cubes d'eau destinés aux services publics n'exigent aucune qualité spéciale, qu'elles peuvent être puisées aussi bien dans le bassin de La Villette que dans la Seine ou dans la Marne.

Qualité et provenance de l'eau destinée au service privé.

7. Sur les 170,000 mètres cubes qu'exige le service privé, il y en a 40,000 environ consommées par la grande industrie, qui doivent certainement être moins chargées de sels de chaux que les eaux d'Ourcq, mais qui peuvent, sans inconvénients, être puisées dans la Seine ou dans la Marne ; le volume d'eau qui doit être pris dans l'Ourcq, la Seine ou la Marne est donc de 290,000 mètres cubes.

Mais il reste 130,000 mètres cubes environ, spécialement destinées aux usages domestiques, qui doivent être non-seulement moins dures que les eaux d'Ourcq, mais encore plus fraîches et plus limpides que les eaux de Seine et de Marne, qui doivent, en un mot, être agréables à boire.

On verra (36, 37, 38, 39, 40, 41, 42, 43) que les eaux de source remplissent seules cette condition. Celles qui seront distribuées à Paris proviendront des localités suivantes :

1° Service haut comprenant les 17e, 18e 19e et 20e arrondissements et parties hautes des 8e, 9e, 10e, 11e, 12e et 16e.

Eaux de la Dhuis et de la branche secondaire du Surmelin . . 40,000 m. c.

2° Service bas, reste de la ville.

Eaux de la Vanne, au moins 90,000

Total 130,000

8. Les 290,000 mètres cubes destinés aux services publics et industriels seront puisés aux points suivants : *Provenance des eaux destinées au service public.*

Eaux anciennes :			
Produit du canal de l'Ourcq.			105,000
Machines à vapeur	Port-à-l'Anglais	3,000	
	Maisons-Alfort.	5,000	
	Austerlitz.	11,000	44,000
	Chaillot.	19,000	
	Neuilly	3,000	
	Saint-Ouen.	3,000	
Arcueil			1,000
Puits artésiens	Grenelle.	600	8,600
	Passy.	8,000	
Volume total des eaux anciennes.			158,600
Eaux nouvelles	Saint-Maur.		40,000
	Trilbardou.		40,000
	Isles-les-Meldeuses		40,000
Nouveaux puits artésiens, au moins.			16,400
	Total.		295,000

Dans les années de sécheresse extrême comme celle-ci, où les produits d'Isles-les-Meldeuses, Trilbardou et Saint-Maur fléchiront, on pourra obtenir le complément d'eau nécessaire en faisant marcher toutes les machines à vapeur, qui peuvent donner en outre du volume indiqué ci-dessus, environ 46,000 mètres cubes par 24 heures.

9. Ces différentes eaux se répartiront ainsi dans les divers réservoirs de Paris : *Répartitions dans les divers réservoirs*

Les eaux de la Dhuis arrivent déjà dans les réservoirs de Ménilmontant à 108 d'altitude.

Des machines à vapeur refouleront une petite partie de ces eaux aux réservoirs de Belleville, à l'altitude 134^{m}10, pour alimenter les points hauts de Montmartre, Belleville et Ménilmontant.

Les eaux de la Vanne s'emmagasineront dans de grands réservoirs à construire au sommet de Montrouge, à une altitude comprise entre 74 et 80 mètres. (*Voir* ci-dessous 57.)

Les eaux de Trilbardou et d'Isles-les-Meldeuses seront déversées dans le canal de l'Ourcq et alimenteront comme celles de ce canal, à l'altitude 52 mètres, le bassin de La Villette et l'aqueduc de ceinture.

Les eaux de Saint-Maur s'emmagasineront en partie dans l'étage inférieur du réservoir de Ménilmontant à l'altitude 100, et en partie dans le lac de Gravelle, à l'altitude 72 mètres.

Les machines à vapeur répartiront leurs eaux comme aujourd'hui dans les réservoirs suivants :

Machines de *Port-à-l'Anglais et une des machines d'Austerlitz* au réservoir de Gentilly.

— *Maisons-Alfort et la 2e machine d'Austerlitz* au réservoir de Charonne.

— *Chaillot* aux grands réservoirs de Passy.

— *Auteuil et Neuilly* aux petits réservoirs de Passy.

— *St-Ouen* aux réservoirs de la Fontenelle, à Montmartre.

Moyens de distribution.

10. Les eaux de la Ville se distribuent aujourd'hui par un réseau de conduites de 1,035,878 mètres 92 de longueur, non compris le réseau spécial des bois de Boulogne et de Vincennes. Pour distribuer les eaux nouvelles, il faudra allonger ce réseau de 633,295 mètres.

Les appareils de distribution pour les services publics se décomposent ainsi :

Boîtes et poteaux pour remplir les tonnes d'arrosement.	741
Bornes-fontaines et bouches sous trottoir pour laver les ruisseaux.	3,185
Coffres d'incendie (appareils peu utiles).	90
Fontaines de puisage livrées au public et aux porteurs d'eau	46
Bornes-fontaines à repoussoir, à l'usage exclusif du public (100 de ces bornes ont été établies en 1864 et 1865 dans la zône suburbaine).	139
Fontaines marchandes livrant l'eau filtrée aux porteurs d'eau	31
Fontaines monumentales	55

Les eaux livrées au service privé sont consommées par 28,149 abonnés, savoir :

Abonnés aux eaux d'Ourcq.

Intra-muros.	12,931
Extra-muros.	146
Total.	13,077

Abonnés aux eaux de Seine et autres.

Intra-muros.	13,628
Extra-muros.	1,444
Total.	15,072
Les abonnements intra-muros forment donc un total de.	26,559
Et les abonnements extra-muros, de.	1,590
Total.	28,149

De sorte que sur 59,000 maisons ou établissements industriels qui existent dans Paris, 26,500 en nombre rond sont abonnés aux eaux de la Ville, et 32,500 restent à abonner.

La quantité d'eau consommée par les abonnés ne devrait pas, d'après les polices, s'élever à plus de 59,805 mètres cubes, elle dépasse en réalité 80,000 mètres cubes.

Le produit annuel de ces abonnements s'élevait au 15 février 1865, à.	4,020,794,49
A quoi il faut ajouter celui des bornes-fontaines marchandes.	627,602,10
Et de l'eau livrée par attachement.	101,608,55
Ce qui porte le produit brut des eaux de la Ville à.	4,750,005,14

Évaluations des dépenses à faire.

11. Deux systèmes se présentaient pour fournir les eaux nouvelles :

1° Puiser l'eau dans la Seine en amont de Paris, en filtrant celle destinée au service privé;

2° La prendre aux diverses sources indiquées ci-dessus.

En prenant pour base le travail des meilleures machines de Paris, celles du quai d'Austerlitz, on trouve que les 266,000 mètres cubes d'eaux nouvelles nécessaires exigeraient, tant pour l'établissement des machines que pour leur entretien et leur roulement, et le filtrage des eaux destinées au service privé, un capital de 92,000,000 fr. environ.

Le deuxième système adopté par la Ville coûtera bien moins cher ; voici, en effet, l'évaluation des dépenses.

Services publics.

Usines de Saint-Maur	7,000,000 fr. » »
Trilbardou et Isles-les-Meldeuses, au plus.	1,000,000 » »
Les puits artésiens	2,000,000 » »
Total	10,000,000 fr. » »

Service privé.

La Dhuis, le Surmelin	17,500,000 fr. » »
La Vanne	31,000,000 » »
Total	48,500,000 » »

Récapitulation.

Services publics	10,000,000
Service privé	48,500,000
Total	58,500,000

Entretien annuel :

Les deux dérivations au plus.	200,000 fr.
Les usines	125,000
Total	325,000
Soit en capital	6,500,000
Capital total	65,000,000

En suivant le système qu'elle a adopté, la Ville arrive donc à réaliser une économie de 27,000,000 de francs au moins.

A cette somme de 65,000,000, ci	65,000,000
il faut ajouter pour les frais de distribution et les réservoirs restant à faire	10,000,000
Dépense totale	75,000,000

Depuis le 1er janvier 1861, le produit des eaux de la Ville a augmenté de 1,400,000

L'eau qui alimente les nouveaux abonnements est prise au détriment des services publics, et devra être fournie plus tard par les aqueducs de dérivation ; par conséquent l'augmentation de recette doit figurer au compte des eaux nouvelles... 1,400,000

Les eaux du canal de l'Ourcq, consommées par les abonnés, qui produisent environ 1,700,000 francs, seront peu à peu remplacées par des eaux de la Vanne, à la grande satisfaction des consommateurs (1). Les eaux d'Ourcq étant vendues 60 fr. le mètre cube et les eaux de Vanne 120 fr., le produit sera doublé, il y a donc à compter pour les eaux nouvelles... 1,700,000

A reporter....... 3,100,000

---

(1) L'opération serait même réalisée du jour au lendemain sur la rive gauche dès que les eaux de la Vanne seront distribuées, attendu qu'on n'y conduira plus d'eau d'Ourcq pendant quelques années : sur la rive droite, l'opération marchera également très vite dans les rues pourvues d'une double canalisation. Nous savons par expérience que partout où nous avons substitué les eaux de Seine aux eaux d'Ourcq, elles ont été acceptées presque sans réclamation quoique le prix fût doublé.

Report.......	3,100,000

Les 33,000 maisons qui ne sont pas abonnées prendront peu à peu les eaux de la Ville. Nous admettons que ces abonnements ne produiront que...................... 4,100,000

Total....... 7,200,000

La Ville prélevant les trois quarts des recettes, aura pour sa part.. 5,400,000

De sorte que les nouvelles eaux couvriront à 7 p. 0/0 l'intérêt du capital dépensé.

Ces recettes ne se réaliseront pas de suite sans doute ; mais on voit, en examinant les calculs qui précèdent, que les dépenses de chaque dérivation produiront intérêt à 5 ou 6 p. 0/0 le lendemain de l'achèvement des aqueducs.

Ainsi la dérivation de la Dhuis, quoiqu'elle ne soit pas achevée, produit, dès aujourd'hui, plus de 7 p. 0/0, puisqu'elle ne coûtera avec le Surmelin que................................. 17,500,000

Son réservoir et la distribution.................. 4,500,000

Total...... 22,000,000

Et que la recette est déjà de 1,400,000 fr., dont plus de 1,050,000 fr. restent dans les caisses de la Ville.

En somme, quand la Ville aura terminé ses opérations hydrauliques, elle aura placé son argent à 7 ou 8 p. 0/0 et aura toute l'eau de ses services publics pour rien.

Lorsque toutes les maisons seront abonnées et desservies en eau de source, le produit des eaux de la Ville approchera de 10,000,000 de francs. Si l'on admet que le nombre des habitants de Paris soit alors de deux millions, chacun d'eux recevra par jour soixante-dix litres d'eau de source parfaitement limpide et fraîche pour la somme assurément très-modérée de 5 fr. par an ; 70 litres par jour représentent 26 mètres cubes par an ; ces 26 mètres ne coûteront donc pas plus cher qu'un seul mètre cube d'eau filtrée vendu aujourd'hui par le porteur d'eau.

Dans le présent mémoire nous nous proposons de décrire et de justifier le projet des eaux de la Vanne.

Pour compléter le système, il nous restera à présenter les projets des aqueducs secondaires de la Dhuis, de Trilbardou et d'Isles-les-Meldeuses, qui sont à l'étude.

2ᵐᵉ PARTIE

DESCRIPTION DE LA VALLÉE DE LA VANNE. — DES SOURCES ET AUTRES PROPRIÉTÉS QUE LA VILLE Y POSSÈDE. — JAUGEAGES, ANALYSES ET QUALITÉS DES EAUX

12. La Vanne est une petite rivière qui prend sa source dans le département de l'Aube, à Fontvanne, près d'Estissac, à la limite des plaines crayeuses de la Champagne, et à 14 kilomètres de Troyes ; la direction générale de son cours est sensiblement de l'est à l'ouest.

Description sommaire de la vallée de la Vanne.

A Estissac même, elle reçoit ses deux premiers affluents, le Bétro à droite et l'Ancre à gauche ; ces deux ruisseaux sont habituellement à sec.

Elle traverse d'abord les communes de Fontvanne, Bucey-en-Othe, Estissac, Neuville, Villemaur-en-Othe, Paisy-Cosdon ; en amont de ce dernier village, elle reçoit à gauche son affluent le plus important, la Nosle, qui prend sa source à Saint-Mards-en-Othe.

Au-dessous de Paisy, la rivière traverse les communes de Courmononcle, Saint-Benoît, Vullaine, les dernières du département de l'Aube ; puis elle entre dans l'Yonne sur le territoire de Flacy. C'est en amont de ce dernier village que tombe à gauche le quatrième affluent, le rû de Cérilly.

On trouve ensuite Bagneaux, Villeneuve-l'Archevêque, Molinons, où tombe sur la rive droite l'Alain, le cinquième affluent et le deuxième par son importance, Foissy, Chigy, où se trouve le sixième affluent, le rû de Vanne, qui coule à peine en été et tombe sur la rive gauche.

Un peu plus bas, en amont de Pont-sur-Vanne, tombe également sur la rive gauche le septième affluent, le rû de Vareilles, alimenté par la belle source de ce nom. Puis la Vanne traverse les communes de Pont-sur-Vanne, Theil, Noé, Mâlay-le-Roi, Mâlay-le-Vicomte, Maillot, sans recevoir aucun autre cours d'eau, et se perd dans l'Yonne, un peu en amont de Sens.

La Vanne est fort remarquable par la constance et la régularité de son débit, comme on le verra plus bas.

Son bassin, de 965 kilomètres carrés de superficie, est entièrement formé de craie blanche sur les premiers plans. Mais les plateaux sont couronnés de terrains tertiaires, en général formés de limon rouge, mêlé de cailloux. Ces plateaux sont très boisés. On y remarque surtout les dernières ramifications de la forêt d'Othe ; les pentes crayeuses sont, au contraire, à peu près déboisées, comme les plaines de la Champagne auxquelles elles se rattachent.

Le fond de la vallée, qui est large et plat, est entièrement occupé par des prairies marécageuses.

Cette circonstance est fort importante. Les sources qui alimentent la Vanne jaillissant, soit dans le marais, soit au pied du coteau crayeux, à la limite du marais; la plupart de celles que la Ville possède tombent en sortant de terre dans des prairies tellement humides qu'elles ne produisent que de la lèche, et, par conséquent, ces sources ne peuvent être d'aucune utilité pour les populations riveraines.

Ces marais, qui n'ont pas moins de 2,173 hectares, forment un contraste frappant avec l'aridité des coteaux voisins. Jamais les eaux pluviales ne ruissellent à la surface de ces coteaux, et bien rarement elles coulent dans les ravins et vallées secondaires.

C'est encore un fait très heureux pour les projets de la Ville, puisque les sources ne peuvent être souillées par les eaux superficielles; on peut dire que leur limpidité, qui est parfaite, est très rarement altérée dans les conditions naturelles où elles se trouvent (1).

Sources que la Ville possède dans la vallée de la Vanne.

13. Les sources de la Vanne nous ont été désignées en 1855, au moment où nous nous occupions des premières études de dérivation par M. l'ingénieur Lesguillier, qui alors était chargé d'un projet de dessèchement des marais.

L'avant-projet de dérivation, que cet ingénieur dressa alors sous notre direction, fut pris en considération dans le second mémoire sur les eaux de Paris de M. le Sénateur Préfet de la Seine (2).

Le Conseil municipal engagea vigoureusement la question en achetant les sources les plus abondantes, les usines et propriétés les plus compromises par le projet de dérivation.

Les sources que la Ville possède sont au nombre de treize. Elles sont toutes situées sur la rive gauche de la Vanne et se divisent en deux groupes, les sources hautes et les sources basses.

En voici la description en commençant par les plus élevées.

Sources hautes.

14. Nous rangeons dans cette catégorie les sources dont les eaux ne seront pas relevées pour être jetées dans l'aqueduc de dérivation, dans lequel elles arriveront par l'effet de la gravité. Ces sources sont au nombre de quatre, savoir :

```
Source de Cérilly ou du Blme. . . . . . . . . . . . . . . . .  1
Sources d'Armentières. . . . . . . . . . . . . . . . . . . . .  3
                                             Total. . . . . .  4
```

Sources de Cérilly ou du Blme.

15. La source de Cérilly forme la tête du petit ruisseau de Cérilly. Elle sort, sur le territoire de la commune de ce nom, d'une excavation pro-

---

(1) On sait que la Dhuis est sous ce rapport dans des conditions moins heureuses. Placées sur le bord d'un torrent qui descend des coteaux argileux de la Brie, les sources dérivées par la Ville étaient envahies autrefois par les eaux boueuses de ce torrent. Des travaux de captation très délicats ont été exécutés; l'avenir nous apprendra s'ils suffisent pour préserver nos sources.

(2) Mémoire du 16 juillet 1858.

fonde (1), au bord d'un pré, faisant partie de la ferme de la Moinerie, propriété de la Ville. Elle est située à 6,500 mètres de la Vanne.

Elle fait tourner trois moulins qui sont aujourd'hui la propriété de la Ville, savoir :

Moulin de Cérilly ;
Moulin de Gerbeaux ;
Moulin de la Cour ou de Rigny-le-Ferron.

Elle sort de terre à l'altitude 140^m,379. Ses eaux sont d'une limpidité parfaite. On voit très distinctement le fond du gouffre dont elle émerge, quoique les habitants du pays prétendent *qu'on n'a jamais pu en mesurer la profondeur.*

16. Les sources d'Armentières sortent du pied d'une colline boisée ; leurs bassins sont sur le territoire de la commune de Courmononcle, à 7 kilomètres en amont de Villeneuve-l'Archevêque, et à 1 kilomètre environ en aval de la ferme d'Armentières.

Sources d'Armentières.

La plus considérable porte le nom de Fontaine de l'Étain et jaillit d'un petit bois de l'aspect le plus pittoresque, qui l'a longtemps dérobée à nos recherches.

Son bassin peu profond est à l'altitude.............. 112^m,321

Les deux autres, qui ne portent pas de nom, se trouvent un peu plus bas, cachées également dans des broussailles, à quelques mètres de la Fontaine de l'Étain.

La deuxième est à l'altitude...................... 111^m,195
La troisième............................... 112^m,262

Les sources d'Armentières ne sont pas utilisées ; elles tombent dans la Vanne à quelques mètres de leur point d'émergence.

L'eau de ces trois sources est admirablement belle et excellente ; tous les visiteurs, qui ont bien voulu nous accompagner dans nos excursions, et nous citerons parmi eux MM. Lefebvre Duruflé, sénateur ; Cornudet, membre du Conseil municipal et conseiller d'État ; Trémizot, trésorier de la Ville ; Louis Figuier, Foulon, etc., ont été unanimes sur ces deux points. Aucun dépôt limoneux ou calcaire ne ternit les couleurs des cailloux qui tapissent le fond des bassins, et c'est un des indices les plus certains de la constance de la limpidité des eaux.

Comme dans toutes les eaux de source de bonne qualité, le cresson envahit les trois bassins ; il y prend des proportions vraiment gigantesques, et avant chaque visite nous devons le faire arracher pour mettre l'eau à découvert.

---

(1) Ces excavations, dans le pays, portent le nom de Bime, corruption du mot abîme ; en bas bourguignon, l'ABIME se prononce l'ÉBIME, d'où le BIME.

Groupe des sources basses.

17. Les sources basses sont celles dont les eaux devront être relevées par des machines pour être jetées dans l'aqueduc de dérivation ; celles que la Ville possède sont au nombre de neuf, savoir :

Sources de Chigy	1
Saint-Philibert	2
Malhortie	1
Caprais-Roy	1
Le Chapeau	1
Theil	2
Noé	1
Total	9

Le groupe des sources hautes est séparé de celui des sources basses par un assez grand intervalle ; l'aqueduc spécial qui les dérive n'a pas moins de 19 kilomètres de longueur, non compris la petite branche du ruisseau de Cérilly qui a 5,300 de longueur.

Source de Chigy.

18. Au pied du coteau crayeux à pente douce qui longe le marais de la Vanne, on remarque dans un pré de quelques hectares qui appartient à la Ville, d'énormes touffes de cresson et d'herbes aquatiques qui accompagnent ordinairement les bonnes sources. Ces touffes, beaucoup plus verdoyantes que le reste de la prairie, couronnent une sorte de mamelon peu saillant qui s'élève *à un mètre environ au-dessus du marais.*

Si l'on ne craint pas de s'aventurer sur le gazon peu ferme, qui s'étend sur 15 à 20 mètres entre le chemin et les touffes de cresson, on trouve que chacune d'elles abrite un bassin rempli d'une eau admirablement limpide.

Cette eau suinte tout autour du mamelon, sans former d'émissaire bien déterminé. Mais à quelques mètres de là, elle alimente un petit ruisseau limpide, et de plus submerge en partie le marais de 210 hectares qui s'étend tout autour.

La source de Chigy est à l'altitude.................. 92^m047

Non-seulement elle n'est point utilisée, mais encore elle contribue à entretenir l'excès d'humidité qui convertit les prairies de la Vanne en marais. Aussi la commune de Chigy n'a-t-elle pas hésité à nous vendre une partie du terrain duquel émergent les sources.

Sources de Saint-Philibert.

19. A 2,500 mètres environ en aval de la source de Chigy, sur le territoire de Pont-sur-Vanne, se trouvent sur le bord du marais les deux belles sources de Saint-Philibert qui émergent à 0^m60 environ au-dessus du niveau de ces marais. L'une sort des fondations mêmes de l'ancien moulin de Saint-Philibert et porte le nom de *Source de Saint-Philibert* ; l'autre jaillit au fond d'un petit bassin, situé à quelques mètres de là, et est désignée sous le nom de source de Marcouf.

L'eau des sources de Saint-Philibert n'est ni moins belle ni moins bonne que celle des sources de Cérilly et d'Armentières. Comme dans cette dernière, les cailloux conservent sous l'eau toute la vivacité de leurs couleurs, ce qui prouve que les sources ne sont point incrustantes et ne se troublent jamais.

On croit que les sources de Saint-Philibert, aujourd'hui propriété de la ville de Paris, ont été autrefois dérivées à Sens par les Romains. On trouve encore de nombreux restes de l'aqueduc de dérivation. Dans le petit tertre, qui domine la source de Marcouf, se trouvent peut-être les ruines du bassin de captation.

L'altitude des sources de Saint-Philibert est .... 89^{m}930

Celle de la source de Marcouf...................... 89.651

Elles ne sont point utilisées et contribuent puissamment, comme celle de Chigy, à entretenir l'excès d'humidité qui produit l'immense marais qui s'étend autour d'elle.

20. Sur une longueur de 1,300 mètres environ, la Ville possède une étroite zone de terrain qui relie la propriété de Saint-Philibert à celle de Malhortie, et rend impossible toute entreprise qui aurait pour but le détournement de l'eau des sources.

Sources de Malhortie et de Caprais-Roy.

Cette bande de terrain se termine par le massif de bâtiments de l'ancienne abbaye de Malhortie, aujourd'hui propriété de la ville de Paris. Un joli pavillon bâti dans les anciens fossés domine une pièce d'eau d'une admirable limpidité alimentée par la jolie source de Malhortie. Cette source est moins abondante que celles décrites précédemment, mais l'eau qui en jaillit n'est ni moins belle ni moins bonne.

L'eau de Malhortie est à l'altitude de .... 89^{m}450

A deux cents mètres de la source de Malhortie se trouve la petite source de Caprais-Roy, qui appartient également à la Ville et dont l'eau est à l'altitude de 89^{m}156.

21. A 600 mètres de là, s'élève l'ancien château de Theil, qui aujourd'hui n'est plus qu'une ferme.

Sources de Theil et du Chapeau.

Cette propriété était remarquable par ses belles eaux, qui provenaient de deux sources ; l'une, que nous appellerons source supérieure, alimentait les fossés du château ; l'autre sortait du fond d'une grande pièce d'eau d'une admirable limpidité, désignée sous le nom de pièce d'eau *du Miroir*.

Ces deux sources sont aujourd'hui la propriété de la Ville.

Les sources de Theil sont, après celles d'Armentières, les plus abondantes de celles que la Ville possède, mais elles fléchissent beaucoup en temps de sécheresse.

L'altitude de la source supérieure est .... 93^{m}487

Celle de la pièce du Miroir...................... 92.611

Cette pièce d'eau est très limpide, mais comme elle est empoissonnée, il est difficile d'apprécier la qualité de l'eau, qui est certainement de la même nature que celle des autres sources de la Ville.

Les sources de Theil alimentent le ruisseau de la Madeleine, et faisaient marcher deux moulins; l'un qui est en ruine appartient à la Ville; l'autre appartient à M. Corpechot, mais la Ville en a racheté la chute. Les eaux servaient en outre à arroser quelques hectares de pré. L'Administration municipale a racheté conditionnellement le droit d'irrigation.

Au-dessous de la source de Theil, de l'autre côté de la route impériale n° 5, la Ville possède une petite source connue sous le nom de source du Chapeau; l'eau de cette source est à l'altitude............. 91ᵐ426

Source de Noé.

22. A 1,800 mètres de la source de Theil, dans le village de Noé, se trouve la dernière des sources que la Ville possède, celle de Noé, qui en sortant de terre fait marcher le moulin Havard.

La Ville a acheté cette source et la chute du moulin.

La source de Noé donne une eau excellente. On voit dans le bassin d'où elle émerge un pan de mur de l'aqueduc romain, ce qui fait supposer qu'elle était prise au passage et conduite à Sens avec les eaux de Saint-Philibert.

L'altitude de la source de Noé est.................. 88ᵐ392
mais il faut l'abaisser notablement pour qu'elle ne soit pas
saignée par une petite source voisine, qui est à l'altitude.... 87.940

Après avoir fait tourner le moulin Havard, elle tombe dans le marais de la Vanne, et n'est plus utilisée.

Usines et propriétés rurales.

23. Le débit de la Vanne, étant en général de beaucoup plus considérable qu'il ne faut pour faire tourner les usines qui sont établies sur son cours, on supposait que la dérivation opérée par la Ville ne nuirait à ces usines qu'en deux points : 1° à Villeneuve-l'Archevêque, dont un des moulins utilise toute la force de la rivière; 2° à Sens, où la Vanne se divise en plusieurs bras. En outre, l'acquisition de la source du Bîme privera d'eau toute la vallée de Cérilly, où il existe, outre le moulin de Cérilly acheté par la Ville, deux moulins et des prés arrosés assez étendus.

La Ville, d'après le principe d'équité admis par elle, a décidé qu'elle achèterait tous les moulins auxquels elle fera réellement du tort.

Usines de Sens. — Division de la Vanne en plusieurs bras.

24. En amont de Sens, la Vanne se divise en quatre bras.

Premier bras. *Le rû des Flotteurs*, dérivation sans importance qui se détache sur la rive gauche, du tronc principal, en amont du moulin de Fréparoy, aujourd'hui propriété de la Ville; le flottage se réduisant à 300 décastères par an et le commerce du bois paraissant renoncer à ce mode de transport, il n'y a pas lieu de s'occuper du rû des Flotteurs, si ce n'est pour en régler le débit au minimum, ce que la Ville peut faire facilement, puisqu'elle est propriétaire de la tête de ce cours d'eau.

Le flottage des bois est d'ailleurs complètement désintéressé dans la question de dérivation de la Vanne.

Deuxième bras. *Le rû de Mondereau*. Cette dérivation, qui a droit à 900 ou 1,000 litres d'eau par 1", se détache de la Vanne, sur la rive droite en amont du moulin Collard, et en aval de Mâlay-le-Vicomte traverse la ville de Sens, où elle fait tourner plusieurs usines.

Le rû de Mondereau a une grande importance, non-seulement en raison des usines qu'il fait tourner, mais encore parce que la ville de Sens y pratique une prise d'eau considérable pour laver ses rues, dans lesquelles l'eau coule nuit et jour.

On ne pouvait songer à diminuer son débit, et c'est pour être complètement maîtresse de la situation que la Ville a acheté le moulin Collard, dont la retenue règle la prise d'eau du Mondereau.

Un peu en amont de Sens, aux Boutours, le troisième bras, *le Mont-Salé*, se détache de la rive droite de la Vanne.

A l'aval de ce point de partage, le cours d'eau principal prend le nom de *Grande-Vanne*, qui forme le quatrième bras. Par suite d'une convention faite entre les usiniers, *le Mont-Salé* a droit au tiers, et *la Grande-Vanne* aux deux tiers du débit total.

Comme nous le verrons plus bas, on admettait avant 1857 que la Vanne donnait à l'étiage, à Mâlay-le-Roi, 5 mètres cubes d'eau par 1"

Le partage de ses eaux se faisait donc ainsi :

1° Le Mondereau..................................	0^{mc} 900
2° Le Mont-Salé..................................	1 367
3° La Grande-Vanne..............................	2 733
Total.........	5 000

La Ville ayant l'intention de dériver 100,000 mètres cubes d'eau ou 1^{m}160 par seconde, il était clair qu'en rachetant toutes les chutes du Mont-Salé et en supprimant ce bras, on laissait aux usines de la Grande-Vanne le volume d'eau auquel elles ont droit.

Un jaugeage exécuté un peu tard peut-être, en décembre 1858, nous confirmait dans cette opinion.

Les usiniers des deux cours d'eau partageaient tellement notre manière de voir, que d'un commun accord il fut reconnu que si la ville de Paris supprimait le *Mont-Salé* les usiniers *de la Grande-Vanne* n'auraient plus rien à dire.

Les usiniers du Mont-Salé adressèrent donc à l'Administration municipale de Paris, le 2 avril 1861, une promesse de vente de leurs chutes.

Cette promesse de vente fut suivie de traités provisoires qui furent acceptés par l'Administration municipale de Paris.

Des actes définitifs furent dressés, sauf pour une des usines, le petit moulin appartenant à M. Plique. La rédaction du traité provisoire ayant été modifiée par le conseil municipal, M. Plique refusa de signer l'acte de vente de la chute de son moulin.

Le propriétaire du moulin Saint-Paul mourut avant la ratification de la promesse de vente ; la Ville acheta non-seulement la chute mais encore l'usine entière.

Les sécheresses sans exemple de 1861, 1862, 1863 et 1864, ne tardèrent pas à modifier la situation ; sur la demande des usiniers de la Grande-Vanne, nous fîmes jauger les deux cours d'eau avec le plus grand soin par M. l'ingénieur Humblot. Il fut reconnu que les deux cours d'eau au mois d'août 1863, ne débitaient plus par 1″ que .... 1^m778
Sur ce volume le Mont-Salé avait droit à 0.593
Et la Grande-Vanne à 1.185
En dérivant................................. 1.160

Et en supprimant le Mont-Salé, la Ville ne laissait donc à la Grande-Vanne que 0^m620 litres et lui enlevait 0^m565, c'est-à-dire, près de la moitié du volume d'eau dont jouissent aujourd'hui les usiniers dans ces années de sécheresse extrême. On se décida donc à racheter également les usines de la Grande-Vanne.

Déjà les trois usines les plus importantes, le moulin du Roi, à M. Plique, le moulin à Tan et le moulin de la Scierie, aux héritiers Charpillon, appartiennent à la ville de Paris ; il ne reste plus à acheter qu'une petite usine, le moulin du Pont-Bruant, estimé 60,000 fr.

Usines et prairies de la vallée de Cérilly.

25. En achetant la source de Cérilly, la Ville savait qu'elle priverait d'eau les deux moulins de Gerbeaux et de Rigny-le-Ferron, et une assez grande étendue de prairies arrosables. Elle est aujourd'hui propriétaire de la terre de Gerbeaux, qui comprend, outre une grande étendue de terres labourables les deux moulins et 42 hectares de prés.

Tableau général des propriétés de la ville de Paris sises dans la vallée de la Vanne.

26. Le tableau ci-dessous résume tout ce qui précède et fait connaître la situation des propriétés que la Ville possède dans la vallée de la Vanne.

DÉSIGNATION et NATURE des IMMEUBLES	SITUATION	NOMS des PROPRIÉTAIRES vendeurs	DATE DE L'ACTE de vente.	PRIX D'ACQUISITION	Contenances	**Observations**
1° FERME DE LA MOINERIE Terres, prés, un moulin, une paire de meule, bâtiments de ferme.	commune de Cérilly (Yonne), Rigny-le-Ferron (Aube).	Vérollot (Louis-Alexis).	26-27 janvier 1865.	380,000 fr.	163 h. 1037	Très grande source de Cérilly ou du Blme.
2° TERRE DE GERBEAUX Moulin de Gerbeaux, moulin de la Cour, bâtiments d'habitation, de ferme, terre et prés.	commune de Cérilly Rigny-le-Ferron, Bérulle, Paisy-Coidon et Flacy (Aube et Yonne).	Bouillat (Adolp.-Charles-Louis).	4 septembre 1863	700,000 fr.	210 h. 6751	
		A REPORTER.		1,080,000 f.	403 h. 7788	

DÉSIGNATION ET NATURE des IMMEUBLES	SITUATION	NOMS des PROPRIÉTAIRES vendeurs	DATE DE L'ACTE de vente.	PRIX D'ACQUISITION	Contenances	Observations
			REPORT....	1,080,000 f. 00	403 h. 7788	
3° SOURCES D'ARMENTIÈRES	Commune de Courmononcle (Aube).	Bourgeon.		50,000 fr.	1 h. 0000	Trois très grandes sources.
		Lhoste-Arsène (Amand).	27 nov. 1860.	2,000 »	0 1463	
4° SOURCE DE CHIGY Prés, marais.	Commune de Chigy (Yonne).	Camusat-Busserolles (Jacques-Joseph).	24 nov. 1860.	4,500 »	1 4087	Une grande source.
		D^lle Chérot (Louise).	24 nov. 1860.	4,700 »	1 5312	
		Commune de Chigy.	29 oct. 1862.	6,000 »	0 3910	
5° SOURCES DE ST-PHILIBERT Petit bâtiment, pré, marais.	Commune de Theil (Yonne).	Dupont (Louise-Marguerite), veuve Morvant et consorts.	25 nov. 1860.	20,000 »	0 5000	Deux très grandes sources.
6° FERME DE MALHORTIE Bâtiments d'habitation et ruraux, terres, prés, droits d'irrigation.	Commune de Theil (Yonne).	Billebault du Chaffault (Pierre-Charles-Alph.).	27 nov. 1860. 26 janv. 1863.	43.500 » (1) 107,500 »	2 5300 19 7750	Une belle source sous la réserve de 8 litres d'eau.
7° SOURCE CAPRAIS-ROY	Commune de Theil (Yonne).	Caprais-Roy (Joseph-Savinien).	25 nov. 1860.	4,000 »	0 1532	Une jolie source.
8° SOURCES DE THEIL ET DU CHAPEAU Terre, moulin. rachat de chute du moulin Corpechot et de droit d'irrigation.	Commune de Theil (Yonne).	Lécorchez. Corpechot (Jules-Julien).	7 mai 1861.	125.000 » 73,792 » 50	5 0000 0 7170	Deux très grand. sources Une petite source.
9° SOURCE DE NOÉ Rachat de chute du moulin Havard.	Commune de Noé (Yonne).	Havard et époux Haudry.	25 nov. 1860.	40,000 »	0 0000	Une belle source.
10° MOULIN DE FRÉPAROY ET DÉPENDANCES Usine détruite par l'incendie	Commune de Mâlay-le-Vicomte et Mâlay-le-Roi (Yonne).	Bourdeau (Nicole Charlotte-Julie), veuve Foubert.	5 sept. 1863.	25,000 »	0 8653	Tête du rû des Flotteurs
11° MOULIN DE MALAY-LE-VICOMTE A deux paires de meules, moulin Collard et dépendances	Commune de Mâlay-le-Vicomte.	Collard (J.-Louis) et Thénard.	25-26 avril. 1863.	60,000 »	1 4116	Tête du rû de Mondereau
12° MOULIN A TAN DES VANNES 26 Pilons et deux cloches, hachoir, bâtiments d'habitation et d'exploitation, terres et prés.	Commune de Sens (Yonne).	Héritiers Charpillon.	11 août 1863.	400,000 »	9 2163	
MOULINS DE LA SCIERIE Cinq paires de meules, habitation et dépendances. 13° MOULIN DU ROI Douze paires de meules. PETIT MOULIN Deux paires de meules et dépendances.	Commune de Sens (Yonne).	Plique (Jules-Ernest).	25 avril 1863.	600,000 »	2 6510	Usine de la Grande-Vanne (le petit moulin est sur le Mont-Salé.
14° MOULIN SAINT-PAUL Une paire de meules, une fabrique de boutons et dépendances.	Commune de Sens (Yonne).	Héritiers Denizot (Alexandre).	17 juin 1862.	85,000 »	»	
15° MOULIN A TAN DE MONT-SALÉ Rachat de chute.	Commune de Sens (Yonne).	Déon.	5 août 1862.	95,000 »	»	Rachat des chutes des usines du Mont-Salé; ces trois dernières sommes ne seront payées qu'après la suppression des chutes.
16° MOULIN A TAN DE MOQUE-SOURIS Rachat de chute.	Commune de Sens (Yonne).	Foussé.	4 août 1862.	195,000 »	»	
17° ROUE-VOLANTE Fabrique de rasoirs. Frais d'actes et d'enregistrement, environ.	Commune de Sens (Yonne).	Durand.	6-7 août 1853.	25,000 » 237,407 » 50	»	
			TOTAL.....	3,205 0006	451 h. 0756	

(1) Y compris 25,500 francs pour rachat du droit d'irrigation.

Ces immeubles produisent un revenu annuel de (*Voir* aux pièces justificatives n° 1).	72,867 fr. 90
Ils conserveront, après l'exécution des travaux de dérivation, une valeur de..................	1,205,000 »
On peut donc évaluer la dépense déjà faite pour acquisition de sources et indemnités d'usines et d'irrigation à la somme de.......................	2,000,000 »

Régime de la Vanne et de ses sources

27. *Régime de la Vanne et des sources; cause de l'existence des marais.*

La superficie du bassin de la Vanne est de 965 kilomètres carrés, savoir :

Surface de craie blanche.........................	665 k. c.
Surface des plateaux couverts de limon rouge mêlé de cailloux (terrain tertiaire)...........................	300
Total........	965 k. c.

La pluie qui tombe sur les 665 kilomètres carrés de terrain crayeux, est absorbée sur place; l'eau reçue sur les plateaux limoneux est drainée par le sous-sol crayeux ou absorbée en arrivant sur les pentes des vallées qui sont toutes ouvertes dans les terrains crétacés.

Le bassin de la Vanne est donc entièrement perméable, l'eau ne ruisselle jamais à la surface du sol, si ce n'est dans des temps d'averse fort rares qui ne se reproduisent pas une fois par an.

C'est cette eau ainsi absorbée qui alimente les nombreuses sources de ce bassin.

Ces sources ont cela de particulier qu'elles ne sont point soutenues par un terrain imperméable, puisque la vallée de la Vanne, comme toutes les vallées de la Champagne, est creusée dans une masse de craie perméable.

Les eaux pluviales descendent donc dans les fissures de la craie, soit jusqu'aux sables argileux de la craie inférieure, soit jusqu'à ce qu'elles trouvent une masse de craie compacte dépourvue de fissures. Si le sol était horizontal, comme l'indique la coupe AB, fig. 1, les eaux pluviales, après avoir rempli toutes les fissures, remonteraient nécessairement jusqu'à la surface, qui deviendrait humide et même marécageuse dans la saison froide, et se dessécherait dans la saison chaude. Si au contraire la surface du sol est découpée par de nombreuses vallées, comme l'indique la figure 2, et comme elle l'est en réalité, la nappe d'eau produite par l'absorption des eaux pluviales ne peut monter jusqu'à la ligne AB; mais son trop plein s'écoule par le fond CD, $c'd'$ des vallées les plus profondes. Les fissures au fond de ces vallées sont de véritables cheminées de puits artésiens à l'orifice desquelles jaillissent des sources souvent énormes.

Il résulte de là que la partie plate CD, au fond de la vallée, doit être convertie en marais. (*Voir* notre rapport du 10 août 1854 et les documents annexés au deuxième mémoire de M. le Préfet.) Pour que l'eau s'écoule par le fond de vallée CD, formant drain, il faut que la nappe ait une pente et qu'elle se relève de chaque côté. Par ce relèvement elle pourra atteindre quelque thalweg, $c'd'$ moins bas que CD; mais toutes les autres vallées situées au-dessus de ce niveau resteront sèches.

Les sources dans les terrains perméables tels que la craie, les calcaires oolitiques, etc., se trouvent donc toujours au fond de la vallée principale, ou dans des vallées secondaires presqu'aussi profondes; de là le petit nombre d'affluents des rivières qui sont presque sans ramifications.

Sur les treize sources que la Ville possède, douze sont situées dans la vallée principale, une seule, celle de Bîme, dans la vallée secondaire de Cérilly.

Ces sources diffèrent essentiellement de celles qui sont soutenues par une couche de terrain imperméable, fig. 3.

Celles-ci coulent toujours tant que la nappe n'est pas épuisée, elles se font jour aussi bien sur le flanc des coteaux qu'au fond des vallées, à tous les points d'affleurement du terrain imperméable, et sont d'autant plus abondantes que ces points sont plus enfoncés dans les vallées secondaires.

Telle est la Dhuis, source des marnes lacustres tertiaires. Ces sources sortent de ce qu'on appelle un niveau d'eau.

La variation de débit de ces sources sont souvent extrêmement lentes, et les gens du pays disent qu'elles sont invariables.

Les sources des terrains perméables sont au contraire toujours très variables, parce qu'elles ne sont que de simples déversoirs et que le moindre abaissement ou relèvement dans le niveau de la nappe y produit des variations considérables. Quelques-unes sont éphémères et cessent de couler dès que la sécheresse s'établit, quoiqu'elles soient très abondantes l'hiver. Telles sont les sources qui forment l'origine de la plupart des ruisseaux de la Champagne et qui généralement portent le nom de Somme (Somme-Sous, Somme-Vesle, Somme-Suippe, Somme-Fontaine, etc.). Ces sources, qui forment de véritables rivières en hiver, tarissent toujours dans les années sèches.

Les bonnes sources, celles qui résistent aux sécheresses, éprouvent toujours des crues vers la fin de l'hiver ; leur débit maximum a lieu vers l'équinoxe du printemps, il diminue dans la saison chaude, lentement d'abord ; jusqu'au solstice d'été la diminution est à peine sensible. Dans le mois de juillet et dans la première quinzaine d'août elle s'accélère un peu, mais devient énorme en septembre et en octobre, quand ces mois sont secs.

A partir de novembre le débit recommence à croître jusqu'à l'équinoxe de printemps. Tel est le régime des sources de la Vanne.

Jusqu'au 15 août, même dans une année sèche comme 1865, celles que la Ville possède restent très abondantes. Mais à partir du 15 août jusqu'en octobre elles décroissent rapidement, quand l'année est sèche.

C'est la marche que suit le service des eaux à Paris. La grande consommation commence en juin et finit au 15 août. A partir de là il y a décroissance, surtout en septembre et en octobre, où tous les grands consommateurs d'eau ont quitté Paris.

Ces considérations vont faire comprendre sans peine ce qui va suivre.

Débit de la Vanne.

28. M. l'ingénieur Lesguillier, qui a étudié avec beaucoup de soin le régime de la Vanne en dressant le projet de desséchement de ses marais, donne le tableau suivant de son débit d'étiage à différents points de son cours.

A Estissac................................	$1^m 10$ par seconde
A Villemaur...............................	1.50 »
A Saint-Benoît............................	1.80 »
A Vullaine...............................	2.50 »
A Bagneaux..............................	3.00 »
A Villeneuve-l'Archevêque................	3.40 »
A Molinons..............................	3.50 »
A Foissy................................	3.90 »
A Chigy.................................	4.00 »
A Pont-sur-Vanne........................	4.40 »
A Theil.................................	4.80 »
A Mâlay-le-Roy..........................	5.00 »

Le mémoire de M. Lesguillier est daté du 25 novembre 1855, il est donc antérieur aux grandes sécheresses que nous subissons, qui remontent à 1857.

Dans les plus grandes crues connues le débit maximum serait :

A Estissac................................	$2^m 50$
A Villeneuve.............................	9.50
A Mâlay-le-Roi..........................	14.00

D'après cela, le rapport entre la portée des crues extraordinaires et le débit d'étiage serait :

A Estissac................................	2.10
A Villeneuve.............................	2.80
A Mâlay-le-Roi..........................	2.80

Très peu de rivières en France ont un débit aussi régulier.

Les quatre affluents qui donnent habituellement de l'eau ont les débits suivants :

La Nosle................................	$0^m 130$
— Cérilly..............................	0.220
— Alain...............................	0.330
— Vareilles...........................	0.160

— 25 —

Le débit des trois autres affluents est négligeable.

Cette grande régularité du régime de la Vanne tient aux circonstances exposées plus haut : la rivière ne recevant jamais d'eau superficielle, ses crues sont dues uniquement aux crues des sources et sont par conséquent très faibles.

Le petit nombre des affluents et la régularité de leur débit s'explique de la même manière.

Mais depuis que M. Lesguillier a terminé son travail, depuis 1857, nous subissons des sécheresses sans exemple; on en trouvera la preuve à la pièce justificative n° 3.

Le débit de la Seine à Paris est tombé à peu près à moitié de ce qu'on appelait autrefois son débit d'étiage.

Il en a été de même du débit de la Vanne.

M. l'ingénieur Humblot a jaugé avec le plus grand soin la grande Vanne et le Mont-Salé pendant les sécheresses de 1863. Le tableau suivant donne les résultats obtenus.

DATES DES JAUGEAGES.	DÉBITS EN MÈTRES CUBES.		
	GRANDE-VANNE.	MONT-SALÉ.	Total.
22 juin 1863....................	2m205	1.020	3.225
30 » »	2.260	0.980	3.240
3 juillet 1863.....................			
16 » »	1.023	0.956	1.979
30 » »	1.002	0.968	1.970
1 août 1863.....................			
6 » »	0.976	0.802	1.778
27 » »	1.065	0.858	1.923
8 septembre 1863.................	1.689	1.438	3.127
25 » »	2.036	1.511	3.547
5 novembre 1863.................	2.885	1.538	4.423

On voit que la Vanne et le Mont-Salé réunis ne débitaient
plus, le 6 août, que........................... 1m778
Ajoutant le débit de Mondereau.................. 0.900

on trouve pour le débit total de la Vanne........... 2.678

Environ moitié du débit d'étiage constaté par M. Lesguillier avant la période de sécheresse que nous subissons.

On a vu que c'est par suite de cette circonstance que la Ville s'est décidée à acheter les usines de la Grande-Vanne.

29. En 1855, M. Lesguillier a jaugé avec grand soin quelques sources de la Vanne, mais il n'a pu se rendre compte exactement du débit de celles qui tombent dans le marais en sortant de terre, telles que Malhortie, Chigy, Saint-Philibert; il a cependant cherché à jauger cette dernière, mais le résultat obtenu est évidemment beaucoup trop faible.

Débit des sources achetées par la Ville.

Voici les débits constatés par M. Lesguillier, complétés par les jaugeages faits depuis :

Source de Cérilly (20 octobre 1855, Lesguillier).	0ᵐ219
Les sources d'Armentières (1) à la même date devaient donner plus de	0.250
Chigy (non jaugée, inabordable) environ.	0.400
Saint-Philibert, au moins.	0.200
Malhortie et Caprais-Roy, le Chapeau, non jaugées, au moins.	0.100
Theil (20 octobre 1855, Lesguillier)	0.290
Noé — —	0.083
Total	1ᵐ342

En 1858, au moment des grandes sécheresses, nous avons fait jauger les grandes sources, sauf Cérilly et Armentières, que la Ville ne possédait pas encore; les résultats obtenus ou probables étaient les suivants :

Cérilly (non jaugé), débit probable.	0ᵐ175
Armentières (id.) (id.)	0.200
Chigy (inabordable) (id.)	0.100
Saint-Philibert (30 novembre 1858).	0.175
Malhortie, Caprais-Roy, Chapeau, environ.	0.100
Theil (29 novembre 1858).	0.115
Noé (29 novembre 1858).	0.061
Total.	0ᵐ926

Au 15 août 1865, les sources de la Ville débitaient environ 1ᵐ000.

Mais à partir de cette époque, elles ont considérablement fléchi, comme le prouvent les jaugeages suivants, faits avec une grande exactitude par M. l'ingénieur Humblot.

M. Humblot a procédé par mesurage direct dans une caisse.

Il a obtenu les résultats suivants :

Cérilly (19 octobre 1865).	0ᵐ090
Armentières (26 et 27 septembre 1865)	0.180
Chigy (inabordable), environ.	0.100
Saint-Philibert (19 septembre 1865).	0.094
Malhortie, Caprais-Roy, Chapeau (13 septembre 1865).	0.037
Theil (13 septembre 1865).	0.083
Noé (13 septembre 1865).	0.015
Total.	0ᵐ638

Discussion.

30. Il résulte des chiffres qui précèdent qu'avant les sécheresses sans exemple de ces dernières années, les sources de la Ville débitaient à l'étiage, vers les mois de septembre et octobre, au moins 1 mètre 200 par seconde.

Le débit de la dérivation devant être de 1 mètre 160, on voit que dans les années ordinaires l'aqueduc sera toujours rempli à la hauteur normale, même en septembre et octobre, mois de basses eaux, et qu'il y aura surabondance pendant tous les mois de grande consommation, c'est-à-dire jusqu'au mois d'août, époque où les besoins diminuent sensiblement.

Dans la période actuelle de sécheresse, l'aqueduc n'aurait pas eu son débit normal en automne, puisque dans les sécheresses de 1858, qui se sont prolongées jusqu'en décembre, le débit des sources en novembre,

---

(1) Les sources d'Armentières ne paraissent pas avoir été connues de M. Lesguillier.

n'était que de 0 mètre 916, et qu'en 1865, il n'était plus que de 0 mètre 668.

Mais au moment de la grande consommation d'eau, c'est-à-dire en juin, juillet et le commencement d'août, il est certain que les sources de la Ville débitaient au moins le volume d'eau normal, c'est-à-dire 1,160 litres en 1858, et qu'en 1865, elles donnaient, à la fin de cette période, au moins 1,000 litres par seconde.

Il paraît donc bien prouvé *que même dans des années de sécheresse sans exemple comme celles-ci, l'aqueduc donnerait toujours à très peu près l'eau nécessaire à la consommation.*

C'est un fait très important.

Mais en outre la Ville peut acheter d'autres sources; les exigences des propriétaires dépassent aujourd'hui les limites du raisonnable; mais la Ville peut attendre, et comme les prix qu'elle offre dépassent de beaucoup la valeur vénale des immeubles, il est probable que toutes les sources dont elle a besoin deviendront sa propriété dans un temps plus ou moins long.

Analyse des Eaux.

31. Les études précédentes ont démontré que les eaux de source les plus pures du bassin de la Seine après celles du granite, du greensand et des sables de Fontainebleau, étaient celles de la craie. (*Voir* la pièce justificative n° 4.)

Essais hydrotimétriques.

Les analyses qui suivent confirment ce résultat; les sources de la Vanne, qui sortent de la craie, donnent réellement les meilleures eaux potables qu'on puisse trouver dans le bassin de la Seine, car les eaux du granite, du greensand et des sables de Fontainebleau, qui sont chimiquement plus pures, sont beaucoup moins agréables à boire.

Nous avons fait à diverses reprises l'essai hydrotimétrique des eaux des sources de la Vanne, nous avons obtenu des résultats à peu près constants.

Cérilly (M. l'ingénieur Humblot)		18°.00
Armentières { 24 octobre 1860.		18°.00
{ 18 août 1861.		17°.40
Chigy. . . . octobre 1855.		20°.00
Saint-Philibert, 31 août 1860.		19°.50
Theil. . . . »		17°.33
Noé. . . . . octobre 1855.		18°.30

Le chlorure acide de barium ne produit point de trouble appréciable dans l'eau de ces sources.

On peut donc dire qu'elle est à peu près dépourvue de sulfate de chaux.

32. Les analyses suivantes, faites par M. Mangon à l'École des ponts et chaussées, confirment les expériences hydrotimétriques.

Analyses de M. Mangon.

Gaz dissous ramenés à zéro et à la pression 0^m760 *en centimètres cubes.*

	ARMENTIÈRES.	CHIGY.
Acide carbonique	20.3	21.8
Oxygène	6.4	5.6
Azote	14.9	14.5
TOTAUX	41.6	41.9

« *Note de M. Mangon.* Ces eaux sont limpides; elles renferment seu-
» lement en suspension de très faibles quantités de substances excessive-
» ment fines. L'analyse des matières solides contenues dans ces eaux a
» donné pour leur composition par litre les chiffres suivants :

Eau puisée le 25 mars 1862

	ARMENTIÈRES.	CHIGY.	ST-PHILIBERT.	MALHORTIE.	THEIL.	NOÉ.
Résidu insoluble dans les acides faibles	0g.009	0g.011	0g.008	0g.011	0g.008	0g.010
Alumine et peroxyde de fer	0.001	0.002	0.001	0.001	0.001	0.001
Chaux	0.099	0.119	0.087	0.094	0.096	0.104
Magnésie	0.007	0.005	0.003	0.004	0.005	0.006
Alcalis	0.007	0.007	0.006	0.006	0.006	0.006
Chlore	0.002	0.003	0.002	0.002	0.003	0.002
Acide sulfurique	0.007	0.009	0.008	0.008	0.007	0.007
Eau combinée et matières organiques	0.008	0.009	0.007	0.007	0.004	0.013
Acide carbonique et matières non dosées	0.073	0.098	.070	0.072	0.075	0.074
Résidu total de l'évaporation d'un litre	0.213	0.263	0.192	0.203	0.205	0.220

». Ces résultats sont assez rapprochés; ils dénotent l'origine commune
» de ces divers échantillons. »

L'origine commune des sources de la Ville n'est pas douteuse, en effet, puisqu'elles sortent toutes de la craie; l'identité de composition n'en est pas moins bien remarquable dans des sources qui, comme Noé et Armentières, sont à 20 kilomètres l'une de l'autre.

Examen des analyses.

33. *Discussion.* Ces eaux essayées à l'hydrotimètre donnent les mêmes résultats que l'eau moyenne de la Seine puisée en amont de Paris. Seulement le trouble produit par le chlorure acide de barium est insensible dans l'eau de la Vanne, tandis que, dans l'eau de Seine, il est assez prononcé; cette dernière contient donc une proportion un peu plus forte de sulfate de chaux.

En été, les eaux de Seine sont sensiblement plus dures que celles de nos sources.

L'examen des analyses de M. Mangon conduit à des résultats non moins favorables.

34. « Les eaux de source de bonne qualité, dit M. Poggiale, contiennent par litre de 5 à 7 centimètres cubes d'oxygène, de 13 à 16 d'azote et de 17 à 39 d'acide carbonique. »

Aération.

D'après les analyses de M. Mangon, le dosage des gaz des eaux des sources de la Vanne correspond au dosage indiqué par M. Poggiale.

Cette question est d'ailleurs de peu d'importance; il est certain que les volumes changeront dans l'aqueduc au contact de l'air, et que les gaz dissous arriveront à Paris dans la proportion où ils se trouvent dans les eaux de rivière, dans lesquelles on trouve, dit M. Poggiale, 6 à 9 centimètres cubes d'oxygène, 12 à 20 d'azote et 7 à 23 d'acide carbonique.

Les travaux de M. Jules Lefort ne laissent aucun doute sur ce point, et M. Robinet a vérifié le fait dans l'eau de la Dhuis à son arrivée à Ménilmontant.

35. Il est intéressant de comparer les analyses qui précèdent avec les deux suivantes d'eau de Seine, faites par M. Poggiale; l'un des échantillons se rapporte au régime d'hiver de la Seine lorsque l'eau est trouble, l'autre au régime d'été, lorsque la rivière est aussi claire qu'elle peut l'être.

Principes fixes. — Comparaison avec l'eau de Seine.

Analyse d'eau de Seine par M. Poggiale.

	Puisée le 11 mars 1833, l'eau étant à la cote 4.25 de l'échelle du pont Royal.	Puisée le 4 août 1833, l'eau étant à la cote 0.90 de l'échelle du pont Royal.
Résidu argilo-siliceux.................	0gr003	0gr004
Alumine et peroxyde de fer...........	0.002	0.004
Chaux, magnésie.....................	0.095	0.136
Alcalis..............................	traces très sens.	traces très sens.
Chlore..............................	0gr006	0gr008
Acide sulfurique.....................	0.008	0.013
Acide carbonique....................	0.076	0.111
Matières organiques.................	quantit. not.	quant. not.
Totaux..........	0gr190	0gr276
Ammoniaque par litre.................	0.000 27	0.000 37
Acide nitrique constituant les nitrates..	quantit. not.	quant. not.

Le minimum de matières en dissolution dans l'eau de Seine correspond aux temps de crue, c'est-à-dire d'eau trouble, parce qu'alors c'est l'Yonne qui domine et que l'Yonne reçoit une forte proportion d'eau granitique chimiquement pure.

La première analyse de M. Poggiale s'applique précisément à un échantillon d'eau puisé en temps de crue, dans la saison où l'eau est trouble.

Elle est chimiquement bien plus pure que l'autre, et l'analyse ressemble singulièrement à celle de nos eaux de source.

On voit en effet que les principes inertes (résidu insoluble, alumine, peroxyde de fer) donnent :

Dans les eaux de Saint Philibert.		0ᵐ009
Dans les eaux de Seine.		0.005
La chaux et la magnésie	Saint-Philibert.	0.090
	La Seine.	0.095
Le chlore	Saint-Philibert.	0.002
	La Seine.	0.006
Acide sulfurique	Saint-Philibert.	0.008
	La Seine.	0.008
Acide carbonique	Saint-Philibert.	0.070
	La Seine.	0.076

Il n'y a pas d'ammoniaque dans nos eaux de source. M. Poggiale en a trouvé des quantités sensibles dans l'eau de Seine. A part ce dernier point, l'identité est presque complète entre les deux analyses.

Mais en été, lorsqu'elle est claire, l'eau de la Seine est plus dure que celle des sources de la Vanne.

Le rapport entre les quantités de chaux trouvées dans les eaux de Seine et de Saint-Philibert est :

$\frac{0.136}{0.090} = 1.51$; entre les quantités de chlore, $\frac{0.008}{0.002} = 4.0$; entre les quantités d'acide sulfurique, $\frac{0.013}{0.088} = 1.62$, etc.

Il n'y a que l'eau de Chigy qui se rapproche, pour la composition, de celle de la Seine puisée l'été.

En résumé, les différences sont trop faibles pour qu'on ne considère pas les eaux de la Seine et celles des sources de la Vanne comme presque identiques sous le rapport des matières qu'elles tiennent en dissolution. Elles ne diffèrent que par un point essentiel : les eaux de Seine contiennent des matières organiques et de l'ammoniaque en quantité notable ; les eaux des sources de la Vanne n'en renferment pas.

Sous tous les autres rapports, les eaux de la Vanne sont bien supérieures à celles de la Seine.

La limpidité des sources de la Ville est constante.

36. Nous avons dit ci-dessus que les sources de la Ville étaient limpides ; cette limpidité est absolue. Quelle que soit la profondeur du bassin qui la renferme, on en voit toujours le fond. Il en est ainsi au bîme de Cérilly, qui paraît avoir 8 à 10 mètres de profondeur.

Les terrains qui entourent les sources étant très perméables et les eaux pluviales ne ruisselant jamais à leur surface, rien ne peut troubler ces sources et leur limpidité est à peu près constante, ce que prouve du reste l'état des cailloux qui tapissent le fond des bassins. Ces cailloux conservent tous l'éclat et la vivacité de leurs couleurs ; les plantes aquatiques y poussent avec une vigueur extraordinaire, ce qui prouve que

— 31 —

la lumière et la chaleur solaires pénètrent sans obstacle jusqu'au fond. Le vert de leurs feuilles est toujours d'une grande pureté, et on ne remarque à leur surface aucun dépôt vaseux ou calcaire.

37. Les eaux de la Seine ne sont jamais limpides; en été, lorsqu'elles sont claires, on ne voit plus le fond à des profondeurs de 2 à 3 mètres. C'est ce qu'il est facile de vérifier aux réservoirs de Charonne, où l'on élève de l'eau de Seine puisée en amont de Paris; de plus, cette eau est verte au lieu d'être bleue comme l'eau de source.

Les eaux de la Seine ne sont jamais complètement limpides et elles sont souvent troubles ou louches.

Mais en outre l'eau de Seine est louche ou trouble pendant une grande partie de l'année.

Depuis 1855, nous faisons des observations sur l'état des eaux de tout le bassin de la Seine; voici les résultats de ces observations pour la Seine à Paris et à Montereau.

		NOMBRE DE JOURS								TOTAUX	MOYENNES ANN. EAU		
		1855	1856	1857	1858	1859	1860	1861	1862	1863		Claire	Louche	Trouble
La Seine à Montereau	Eau claire	122	122	296	290	211	237	280	247	229	1,934	214.88		
	— louche	178	149	66	43	100	109	68	87	105	905		100.55	
	— trouble	65	95	3	32	54	120	18	31	31	449			49.88
La Seine à Paris	Eau claire	51	200	313	305	214	167	271	216	223	1.960	217.77		
	— louche	206	68	18	12	50	73	33	60	61	584		64.88	
	— trouble	108	98	34	48	101	127	61	85	81	743			82.55

Les moyennes de jours d'eau claire sont à peu près les mêmes dans les deux localités; mais le nombre des jours d'eau trouble est bien plus grand à Paris qu'à Montereau, ce qui tient à l'influence de la Marne.

Ces moyennes ne sont pas l'expression de la vérité, parce qu'elles sont faussées par les années de sécheresses exceptionnelles que nous subissons. En retranchant les trois années vraiment extraordinaires 1857, 1858, 1861, on arrive aux moyennes suivantes, qui sont beaucoup plus vraies, quoique les nombres de jours d'eau trouble ou louche y soient encore un peu faibles.

Seine à Montereau	Nombre annuel de jours d'eau claire	178,09
	» d'eau louche	121,33
	» d'eau trouble	66,00
La Seine à Paris	Nombre annuel de jours d'eau claire	178,50
	» d'eau louche	86,83
	» d'eau trouble	100,00

Le nombre annuel moyen de jours d'eau trouble et louche est donc :

A Montereau.................. 187,33
A Paris..................... 186.83

En ne retranchant pas les trois années 1857, 1858, 1861, ces moyennes se réduisent aux nombres suivants :

A Montereau.................. 149,33
A Paris..................... 147,43

> Il est indispensable que l'eau destinée au service privé soit ou limpide ou filtrée.

38. Même dans cette dernière hypothèse, il est évident que l'eau de Seine destinée au service privé doit être filtrée.

Si le filtrage à domicile exige une dépense qui ne compte pas dans le budget du riche, cette dépense est au contraire très considérable pour un ménage pauvre, parce que l'eau de Seine, avant de passer dans le petit filtre domestique, doit être dégrossie aux fontaines filtrantes de la Ville et que, dans cet état, *elle coûte 5 fr. le mètre cube au lieu de 0 fr. 32, prix de l'eau non filtrée.*

> L'eau de Seine ne peut être filtrée en grand.

39. La pratique de nos fontaines marchandes prouve que l'eau de Seine ne peut être filtrée en grand.

Lorsque l'eau est trouble dans le fleuve, elle sort louche de nos filtres.

Le mode de dégrossissage employé par les grandes compagnies anglaises, *très convenable à Londres, où l'on ne boit pas d'eau, ne vaut rien à Paris, où les femmes, les enfants, les vieillards de la classe ouvrière n'ont pas d'autre boisson.*

J'ai constaté par moi-même, et les ingénieurs anglais n'en disconviennent pas, que l'eau sort des filtres *très chargée de matière organique.*

Il arrive parfois que les réservoirs des Compagnies *exhalent une odeur d'ammoniaque.*

Les Sociétés de tempérance qui ont établi de petites fontaines d'eau potable en divers points de Londres ont soin de faire passer cette eau dans des filtres au charbon.

On a proposé de filtrer les eaux de la Seine dans les sables des rives, au moyen de galeries analogues à celles de Toulouse, de Lyon et de Fontainebleau.

Ce moyen est impraticable à Paris; on trouvera à la pièce justificative n° 2 les résultats d'essais faits par nous dans la plaine d'Ivry en 1862. L'eau recueillie dans les galeries filtrantes provient entièrement de la nappe souterraine et marque dans la plaine d'Ivry 46° environ à l'hydrotimètre.

> Température.

40. Comme toutes les sources du bassin de la Seine, celles de la Vanne sont toujours fraîches.

Nous n'avons pas fait d'observation régulière sur leur température, mais nous avons eu souvent l'occasion de la constater dans nos tournées; nous l'avons toujours trouvée comprise entre 11 et 12°.

Il est probable que cette température éprouve de faibles variations d'un équinoxe à l'autre; qu'à l'équinoxe du printemps elle est un peu inférieure à 10° et qu'elle s'élève graduellement jusqu'à 12° maximum, auquel elle arrive vers l'équinoxe d'automne, pour s'abaisser ensuite jusqu'à l'équinoxe du printemps.

Telle est au moins la marche suivie par la température des eaux d'Arcueil, sur lesquelles nous faisons des observations depuis dix ans.

Cette eau, fraîche aux sources, arrivera fraîche à Paris; c'est ce qui vient d'être prouvé par l'expérience décisive faite à l'aqueduc de la Dhuis.

L'eau de cette source est arrivée à Paris à 13°3, dans les fortes chaleurs de la fin de l'été dernier.

Est-il nécessaire de dire que l'eau de la Seine est trop chaude l'été et trop froide l'hiver?

Nos observations qui remontent à dix années donnent les résultats suivants.

En admettant que l'eau cesse d'être fraîche lorsque la température s'élève à 18°, et qu'elle est trop froide lorsque cette température tombe au-dessous de 8°, on trouve que depuis le 1er janvier 1855 jusqu'au 31 décembre 1864, l'eau de Seine a été :

  Trop chaude pendant. . . . . 939 jours.
  Fraîche pendant . . . . 1,456 »
  Trop froide pendant. . . . . 1,259 »
Ce qui donne pour les moyennes annuelles :
  Eau trop chaude. . . . . 93 j. 9
  Eau fraîche. . . . . 145 » 6
  Eau trop froide. . . . . 125 » 9

L'eau trop froide n'a aucun inconvénient pour le consommateur, mais sa distribution est très dangereuse.

Tous les ans, la température des eaux de rivière s'abaisse à un ou deux dixièmes de degré au-dessus de zéro. Dans cet état, la moindre diminution de température fait geler les conduites dans les murs peu épais des maisons et amène les plus graves désordres.

C'est surtout la crainte de ces accidents qui arrête la distribution d'appartement à Paris. La plupart des propriétaires se contentent d'amener les eaux de la Ville dans les cours, au grand détriment de leurs locataires.

41. Les eaux de sources ne contiennent naturellement point de matières organiques provenant des déjections des égouts et de l'industrie des villes. Matières organiques.

La proportion de ces matières va au contraire toujours en augmentant dans l'eau de la Seine.

Nous n'examinerons pas si ces matières peuvent être nuisibles à la santé; nous avons même la certitude qu'en amont de Paris elles ne se trouvent pas encore dans l'eau de Seine en proportion suffisante pour avoir une action quelconque sur les fonctions vitales. Mais nous supposons qu'il n'est agréable pour personne de penser que dans chaque verre d'eau qu'on boit, il se trouve quelques gouttes d'urine ou quelque parcelle d'autres matières non moins répugnantes.

Depuis quinze à vingt ans, à mesure que l'industrie se développe, la proportion des matières organiques va sans cesse en croissant dans l'eau de Seine.

En 1832, M. Poggiale trouvait déjà un tiers de milligramme d'ammoniaque par litre d'eau de Seine. (*Voir* les analyses qui précèdent.) Aujourd'hui cette proportion a fortement augmenté. Voici ce que dit à ce sujet M. Péligot dans un mémoire lu à l'Institut le 24 avril 1864 et qui a été fort remarqué :

« A mesure que l'industrie prend un plus grand développement, l'eau
» des rivières qui traversent de grands centres de population devient
» moins pure; car sa masse restant la même, les matières qu'on y dé-
» verse deviennent chaque jour plus abondantes.

» Les professeurs qui, comme moi, font depuis longues années et pé-
» riodiquement l'examen comparatif des eaux de Paris, ont bien dû re-
» connaître que les eaux de la Seine et de l'Ourcq ne sont plus aujour-
» d'hui ce qu'elles étaient il y a vingt ou trente ans.

» Les industries les plus gênantes au point de vue de l'hygiène publi-
» que sont assurément celles qui sont fondées sur le traitement des pro-
» duits dérivés des animaux. Comme elles ne peuvent exister qu'en rai-
» son d'une grande agglomération d'individus, on ne peut songer à les
» déplacer. Il faut se résigner à leur sacrifier la rivière dans laquelle on
» les contraint à envoyer, par la voie la plus étanche et la plus courte,
» tous les débris de leur fabrication. »

M. Péligot donne hautement aux eaux de source la préférence sur les eaux de rivière, même lorsqu'elles sont plus chargées de sels terreux.

<small>L'eau des sources de la Ville est donc supérieure en qualité aux eaux de la Seine.</small>

42. La supériorité des eaux de la Vanne ne saurait donc être contestée.

Elles sont au moins aussi pures chimiquement que les eaux de Seine et ne seront pas moins aérées lorsqu'elles auront parcouru à l'air libre un aqueduc de 141 kilomètres de longueur.

Elles sont de plus limpides et fraîches en toute saison, tandis que les eaux de Seine sont troubles ou louches pendant 186 jours en moyenne par an et ne sont fraîches que pendant 145 jours.

Elles sont et seront toujours entièrement exemptes de cette cause d'altération produite dans les eaux de rivière par la projection des détritus de toute sorte qui sont la conséquence inévitable de toute agglomération humaine.

<small>Conclusion.</small>

43. Telles sont les considérations qui ont décidé l'Administration municipale de Paris à donner la préférence aux eaux de source et qui ont été développées avec une grande force dans les trois mémoires du Préfet de la Seine des 4 août 1854, 16 juillet 1858 et 20 avril 1860, dans le rapport de M. Dumas du 18 mars 1859, dans le rapport de la commission d'enquête ouverte en 1861 sur le projet de dérivation des eaux de la Dhuis, etc.

En dehors de l'Administration, les projets de la Ville ont trouvé de savants défenseurs; nous avons déjà cité le mémoire de M. Péligot. M. Poggiale a soutenu à l'Académie de médecine, dans les séances du 16 décembre 1862 et 24 et 31 mars 1863 une discussion non moins remarquable sur le même sujet; M. Louis Figuier a publié en 1862 un petit volume sur les eaux de Paris, dans lequel les vrais principes sont solidement défendus; je citerai encore les travaux de M. Jules Lefort, etc.

Bruyère disait dans un mémoire publié en 1804 : « Dans tous les pro-
» jets qu'on peut former pour fournir de l'eau à une ville, l'objet le plus
» essentiel, et qui doit l'emporter sur toute autre considération, c'est la
» certitude qu'elles seront non-seulement saines, mais encore agréables. »

Dans toutes nos recherches sur les eaux à dériver vers Paris, nous nous sommes toujours dirigés d'après ces principes.

Voici ce que nous disions dans divers rapports :

« On ne peut faire entrer en balance la question financière dans le
» choix de l'eau à distribuer à domicile, que lorsque les eaux sur les-
» quelles la discussion peut s'engager sont d'une qualité parfaitement
» égale, ou que les dépenses à faire pour amener l'eau la meilleure sont
» réellement hors de proportion avec les ressources de la Ville.......

» 1° L'eau à dériver à Paris doit être aussi pure au moins que celle
» de la Seine.

» 2° Elle doit être constamment limpide et fraîche, ce qui suppose
» qu'elle sera prise aux sources mêmes et qu'elle sera conduite jusqu'à
» Paris dans un aqueduc couvert, construit en maçonnerie ou en métal. »
(*Mémoire du 8 juillet* 1854.)

« L'eau de la distribution de Paris doit être, comme le pain, de pre-
» mière qualité. Il ne convient pas plus de distribuer de l'eau trouble,
» tiède ou désagréable à boire, que de convertir, sous prétexte d'écono-
» mie, le pain blanc en pain bis............................

» Pour que l'eau distribuée soit fraîche et limpide, il faut qu'elle soit
» prise aux sources mêmes. »
(*Rapport du 7 mai* 1856.)

« Cette dernière (l'eau de source) se trouve seule dans les conditions
» qu'exige l'Administration municipale; il s'agit en effet d'amener à Pa-
» ris de l'eau qui puisse être distribuée à domicile et consommée sans
» aucune préparation préalable; on s'est préoccupé surtout de l'intérêt
» des classes ouvrières, qui n'ont ni argent pour acheter des filtres, ni
» caves à leur disposition pour faire rafraîchir l'eau, ni le temps de faire
» toutes ces manipulations et qui presque toujours boivent l'eau dans
» l'état où elle se trouve dans les conduites. S'il ne s'agissait que des
» classes aisées, la question serait résolue..... Le prix de l'abonnement
» que le porteur d'eau exige pour monter à domicile l'eau filtrée dans

» les fontaines marchandes est trop minime pour être compté dans le
» budget d'une famille bourgeoise.

» Il y a donc là une question d'humanité qui ne nous paraît pas avoir
» été comprise par les adversaires des eaux de source. Le bon pain, l'air
» salubre et l'eau agréable à boire sont trois choses qui ne peuvent plus
» se marchander aujourd'hui à la population de Paris. »

(*Rapport du 30 janvier 1860.*)

Il n'était pas inutile de revenir rapidement sur cette discussion, qu'a provoquée le système de l'Administration municipale ; on pouvait la croire épuisée, mais les orageuses séances de l'Académie de médecine des 16 octobre 1862 et des 24 et 31 mars 1863 ont prouvé que les eaux de source avaient encore de nombreux adversaires.

La vérité se fait jour peu à peu. Le public voit que la plupart de nos adversaires, dont la parfaite loyauté ne saurait être mise en doute, n'ont pas envisagé la question à son véritable point de vue.

Ils admettent que tous les habitants de Paris peuvent, comme eux, se procurer l'eau de Seine limpide et fraîche.

Ils ne veulent pas voir la répugnance instinctive avec laquelle la population ouvrière repousse l'eau d'Ourcq et en général les eaux de Paris de toute provenance, parce qu'elle n'a à sa disposition ni cave, ni glace, pour les faire rafraîchir, ni filtres pour les clarifier.

C'est cependant là toute la question ; la classe aisée y sera beaucoup moins intéressée, tant que les eaux de rivière ne seront pas assez altérées par les égouts et par l'industrie, pour que cette altération soit sensible au goût, comme elle l'est déjà dans les eaux de Chaillot, du bassin de la Villette et de la plupart des grandes villes d'Angleterre.

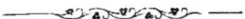

3ᵐᵉ PARTIE

AQUEDUCS DE DÉRIVATION

44. On a vu dans la deuxième partie de ce mémoire (13) que les sources que la Ville possède se divisent en deux groupes, les sources hautes et les sources basses.

Aqueducs des sources hautes. — Cérilly.

Le premier groupe comprend la source de Cérilly ou du Blme et les trois sources d'Armentières.

La première forme la tête du ruisseau de Cérilly ; elle est à l'altitude 140ᵐ379.

Située à 6,500 mètres de la vallée de la Vanne, elle sera dérivée par un aqueduc spécial tracé sur la rive gauche du ruisseau.

Cet aqueduc, de 1ᵐ05 de hauteur sur 0ᵐ80 de largeur, et de 5,300 mètres de longueur, débitera facilement toute l'eau de la source, dont le volume ne dépassera jamais 250 litres par 1″.

Nous n'insistons pas sur les dispositions de ce premier aqueduc qui ne présente absolument rien de particulier.

45. Les trois sources d'Armentières situées au bord même de la Vanne, sont aux altitudes 112ᵐ34, 111ᵐ195 et 112ᵐ262.

Aqueduc d'Armentières.

Leur débit maximum est de 300 litres.

Elles seront dérivées dans un aqueduc spécial dont elles formeront la tête.

Cet aqueduc, qui débitera à son origine au plus les 300 litres d'Armentières, aura les mêmes dimensions que celui de la Dhuis, qui peut en débiter 550, et voici pourquoi.

Le débit des sources d'Armentières est tombé à la suite des sécheresses de 1865 à . . . . 189 litres.
Cérilly à . . . . 90 »
                      Total . . . . 279 litres.

(*Voir* ci-dessus 29.)

L'Administration municipale aura donc grand intérêt à acheter des sources, soit en amont, soit en aval d'Armentières, et à les jeter dans l'aqueduc. Si les sources sont en amont d'Armentières, comme c'est probable, il faudra que l'aqueduc puisse débiter 300 litres de plus, soit à Armentières 489 litres.

Le profil de l'aqueduc de la Dhuis, qui débite très facilement 500 litres, paraît tout à fait convenable et on l'a adopté.

L'aqueduc d'Armentières aura donc une section ovoïde de 1ᵐ76 de hauteur sur 1ᵐ40 de largeur aux naissances. Sa pente sera de 0ᵐ10 à 0ᵐ15 par kilom.; l'altitude de l'eau au point de départ sera 111 mètres.

Il traversera les vallées par des siphons formés d'une seule conduite ou tuyaux de fonte de 1 mètre de diamètre et 0ᵐ55 de charge.

Il suivra le pied des coteaux de la rive gauche de la Vanne, traversera sans siphon la vallée de Cérilly, recevra en amont de Flacy, à 2,670 mètres des sources d'Armentières, l'aqueduc du Bîme de Cérilly.

Il franchira sur des ponts et des arcades les nombreuses vallées sèches qui sillonnent les coteaux de la Vanne; les seuls de ces ponts-aqueducs qui aient quelque importance sont ceux qu'on trouve entre Foissy et Chigy ; ils ont ensemble 6 à 700 mètres de longueur, mais une hauteur qui n'excède pas 8 à 10 mètres au maximum.

Les vallées plus profondes de Chigy et de Vareilles seront franchies par deux siphons ayant ensemble 1,050 mètres de longueur.

On arrive ainsi à l'altitude 108ᵐ15, en face des sources de Malhortie, point important, comme on va le voir :

La longueur de l'aqueduc d'Armentières est de 19,150 mètres.

Savoir :

Longueur en aqueduc libre.	16,000 mètres.
» en siphon.	2,020 »
» en arcades.	1,130 »
Total.	19,150 mètres.

Mais il doit être entendu que cet aqueduc sera prolongé en amont d'Armentières si la Ville y achète d'autres sources.

En résumé, les aqueducs du service haut sont au nombre de deux et présentent le développement suivant ;

Aqueduc du Bîme de Cérilly.	5,300 mètres.
Aqueduc d'Armentières.	19,150 »
Total.	24,450 mètres.

Grand aqueduc de la Vanne. — Première variante du tracé.

46. On a vu que les sources basses se trouvaient aux altitudes suivantes :

Chigy (18) à.	92ᵐ047
Saint-Philibert (19).	89.930
Marcouf (19).	89.651
Malhortie (20).	89.450
Caprais-Roy (20).	89.156
Theil ((21) { Source supérieure.	93.487
{ Source du Miroir.	92.611
Chapeau (21).	91.426
Noé (22).	88.392

L'aqueduc des sources hautes arrivera en face Malhortie, à l'altitude 108ᵐ15.

Il y a donc, entre le point d'arrivée et la plus basse des sources, une différence d'altitude de 19ᵐ758, qu'il faudrait perdre, si l'on voulait réunir toutes les sources dans un aqueduc unique, en se servant de l'action de la gravité pour opérer la dérivation ; l'altitude de l'eau au départ serait celle de la source de Noé, c'est-à-dire 88ᵐ392, et il faut en convenir, cela serait bien regrettable, car l'eau n'arriverait au plateau de Montrouge qu'à l'altitude 69 mètres et la distribution se ferait très difficilement, comme on le verra plus loin.

47. Mais il est très facile de relever l'altitude de départ à 92 mètres. On voit en examinant les cotes qui précèdent que Chigy et Theil peuvent être amenés à la tête de dérivation, à cette altitude, par le simple effet de la gravité.

Calcul de l'altitude de départ.

Il suffirait donc, pour que cette cote de départ fût admissible, qu'on relevât les autres sources basses des quantités suivantes :

Saint-Philibert. . 92—89.93=2.07 et avec les abaissements et pertes de charges. . 3.00
Marcouf. . . . . 92—89.65=2.35 » » » » 3.00
Malhortie . . . . 92—89.45=2.55 » » » » 3.00
Caprais-Roy . . . 92—89.16=2.84 » » » » 4.00
Noé . . . . . . 92—88.39=3.61 » » » » 6.00

On peut facilement réunir les sources dans le bassin de Malhortie, et au moyen de turbines mises en mouvement par l'eau des sources hautes obtenir le relèvement voulu.

Faisons voir d'abord que l'eau des sources hautes aurait une force suffisante pour arriver à ce résultat.

L'altitude d'arrivée de l'aqueduc d'Armentières étant . . . . . 108 mètres.
L'altitude de l'eau au départ dans le grand aqueduc étant. . . . 92 »

La chute disponible serait. . . . . 16 mètres.

Le débit des sources hautes est :

En bonnes eaux (29) de. . . . . $0^m 470$
En bas étiage. 0.375
En très bas étiage. 0.280

La puissance théorique des turbines serait donc :

En bonnes eaux. . . . . $470 \times 16 = 7520$ k. m.
En bas étiage. . . . . $375 \times 16 = 6000$
En très bas étiage. . . . . $280 \times 16 = 4480$

Comme une chute de 17 mètres est difficile à mettre en œuvre, nous supposerons qu'on n'utilisera que le tiers de cette puissance théorique, soit :

En bonnes eaux. . . . . 2507 k. m.
En bas étiage. . . . . 2000 k. m.
En très bas étiage. . . . . 1493 k. m.

Or, le travail à faire s'évalue ainsi :

En bonnes eaux (29)
Saint-Philibert, Marcouf et Malhortie. . . . . $260 \times 3 = 780$
Caprais-Roy. . . . . $40 \times 4 = 160$
Noé. . . . . $83 \times 6 = 498$
      Total. . . . . 1.398 k. m.

En bas étiage (29).
Saint-Philibert, Marcouf, Malhortie. . . . . $235 \times 3 = 705$
Caprais-Roy. . . . . $40 \times 4 = 160$
Noé. . . . . $61 \times 6 = 366$
      Total. . . . . 1.231 k. m.

Et en très bas étiage (29)
Saint-Philibert, Marcouf et Malhortie. . . . . $127 \times 3 = 381$
Caprais-Roy. . . . . $4 \times 4 = 16$
Noé. . . . . $45 \times 6 = 270$
      Total. . . . . 667 k. m.

On voit que la force disponible est beaucoup trop grande dans les trois cas ; néanmoins on ne pourrait pas adopter 93 mètres pour altitude de départ, parce qu'alors il faudrait relever aussi Chigy et Theil, ce qui donnerait lieu à de sérieuses complications.

Aqueducs secondaires de Chigy et Theil, de St-Philibert et de Noé.

D'après ce qui précède, la source de Chigy et celle de Theil devraient être conduites dans l'aqueduc principal par une dérivation spéciale.

La galerie dont le tracé n'offre aucune difficulté serait du même type que celle du Bime de Cérilly, et déboucherait dans l'aqueduc principal, dont il va être question, entre Theil et Malhortie; sa longueur serait d'environ 4,000 mètres.

Les sources de Saint-Philibert seraient également conduites sans difficulté dans le bassin de Malhortie par un aqueduc de 1,300 mètres.

Mais la source de Noé ne serait pas ramenée aussi facilement à ce bassin. Nous croyons qu'une étude définitive conduira à relever les eaux de cette source par des pompes mises en mouvement par le moulin de Màlay-le-Roi, que la Ville peut facilement acheter; le traité provisoire est fait.

L'aqueduc ramenant la source de Noé à Malhortie aurait 3,000 mètres de longueur environ. Pour atteindre le moulin de Mâlay-le-Roi, la distance est bien moindre.

Description du tracé de l'aqueduc principal. (Voir le trait rouge, plein de la carte.)

48. Au point où cette réunion des sources sera effectuée, l'aqueduc franchira d'abord la vallée de la Vanne sur des arcades, entre Theil et Malhortie. Ce pont-aqueduc présentera quelques difficultés de fondations, en raison de la nature tourbeuse du sous-sol; mais ces difficultés n'ont rien d'inquiétant.

A partir de là, le tracé suit les coteaux crayeux de la rive droite de la Vanne, laisse Sens à gauche, entre dans la vallée d'Yonne dont il longe le flanc droit jusqu'un peu au-delà de Pont-sur-Yonne.

Là (entre les prof. 26 et 27) il faut quitter la rive droite, parce que le terrain s'abaisse et ne peut plus servir de support à l'aqueduc.

On franchit donc la vallée et la rivière par un grand siphon et on passe sur la rive gauche (k. 30, 31).

Les coteaux de la rive gauche de l'Yonne se relient sans discontinuité à ceux de la Seine; jusqu'à Moret le tracé les suit sans rencontrer aucune difficulté sérieuse.

Cette première partie du tracé est réellement dans des conditions excellentes. On rencontre partout le sous-sol crayeux, le meilleur qu'on puisse désirer pour un travail de ce genre, puisqu'il est à la fois très solide et très facile à travailler; les souterrains surtout s'y creusent avec une grande facilité.

A Moret (k. 64) on franchit la vallée du Loing en siphon et on entre dans la forêt de Fontainebleau.

C'est là que se présente la plus grande difficulté du tracé.

La masse des sables qui forment le sol de cette forêt est beaucoup plus élevée que le plateau d'argiles meulières qui y fait suite jusqu'à Paris. Dans la première étude faite en 1855, nous contournions donc cette masse de sable en suivant la rive gauche de la Seine, absolument comme les coteaux crayeux entre Theil et Moret.

Mais à l'extrémité de la forêt, lorsque le sable finissait, le sol manquait sous l'aqueduc, il fallait abaisser le tracé de 3 mètres et on arrivait difficilement à Paris à l'altitude 70 mètres, qui est un peu trop basse pour qu'on puisse facilement distribuer l'eau.

Un long développement autour du mamelon de la forêt pouvait conduire à des points des plateaux argileux suffisamment élevés; mais ce développement était dispendieux, et d'ailleurs faisait perdre une partie de la pente qu'on cherchait à gagner.

L'examen de notre petite carte géologique nous fit reconnaître que les courants diluviens qui ont mis à nu les argiles de Brie entre la forêt et Paris, en enlevant l'épaisse couche de sable de Fontainebleau qui les recouvrait, avaient aussi profondément sillonné cette masse dans la forêt elle-même. Ces sulcatures forment de longues vallées séparées entre elles par d'étroits contre-forts couronnés par des bancs de grès. Une nouvelle étude du terrain nous fit reconnaître qu'une de ces vallées conduisait des bords de la vallée du Loing au plateau argileux, en traversant la forêt presqu'en ligne droite; nous y avons établi le tracé. Il faudra à la vérité y creuser des tranchées profondes et y percer trois souterrains, dont l'un n'a pas moins de 4,500 mètres de longueur (k. 77, 82). Mais nous avons reconnu qu'on n'y rencontrerait pas d'eau, et c'est un point capital pour un ouvrage de cette importance ouvert dans un terrain sablonneux.

En quittant la forêt, le tracé contourne encore sur une assez grande longueur le pied des coteaux de sable qui surmontent le plateau argileux; il franchit en siphon la vallée d'Écolle (k. 92, 95) à l'aval de Dannemois, quitte définitivement les coteaux de sable vers Champcueil, pour rester sur les plateaux d'argile de Brie jusqu'à Paris.

A partir de Champcueil (kil. n° 102), le tracé ne rencontre plus aucun obstacle, il franchit l'Essonne en siphon vers le kil. n° 109, puis l'Orge vers le kil. n° 122; puis entre dans la vallée de la Bièvre, dont il suit la rive droite depuis Rungis, dans la zone de servitude de l'aqueduc d'Arcueil. Il franchit la Bièvre en siphon vers le kil. n° 139 sur le pont-aqueduc d'Arcueil, et entre à Paris sur le faîte du plateau de Montrouge, entre la route d'Orléans et la rue des Prêtres, après un parcours de 141,900 mètres. La cote d'arrivée est 74, 41 à la surface de l'eau.

49. Les principaux ouvrages d'art qu'exige la construction de l'aqueduc sont les suivants :

Principaux ouvrages.

Souterrains.	Sens.	kilom.	9	Longueur		150	mètres.
	Saint-Clément.	»	14	—		380	»
Craie	Orcuse.	»	20—21	—		80	»
	Michay.	»	26	—		90	»
	Petit-Champigny	»	34—35	—		300	»
	Grand-Champigny	»	35—39	—		3.130	»
				A reporter.		4.190	»

		Report.	4.190 mètres.
	Rocher Brûlé . . . kilom. 67— 69 longueur. .	1.020 »
	Montchauvet . . . . » 72— 73 —	800 »
	Fontainebleau . . . . » 77— 82 —	4.560 »
Sables	Chaufroy . . . . . . » » 83 —	160 »
de	Rochers aux Voleurs » » 85 —	40 »
Fontainebleau	idem. . . . » 85— 86 —	250 »
	idem. . . . » 97 » —	240 »
	Beauvais . . . . . . » 98—101 —	2.290 »
	Champcueil . . . . » 101—103 —	750 »
Terrains à meulières	Vissous . . . . . . » 128—131 —	1.300 »
	Fresne . . . . . . » 132—134 —	430 »
	Montrouge . . . . » 140 » —	400 »
	Longeur totale.	17.090 mètres

Ponts-aqueducs.

L'aqueduc traverse sur des arcades les vallées suivantes :

Tourbe	Vanne . . . . . . kilom. 2. » longueur . .	700 mètres.
Craie blanche	Sens . . . . » 7— 8 —	110 »
	Soucy . . . . . . » 16 » - -	150 »
	Oreuse . . . . . . » 19—20 —	80 »
	Villeblevin . . . . . » 39—40 —	60 »
Sable de Fontainebleau	Chaufroy . . . . . . » 84 » —	480 »
	Ruisseau de la Fontaine . . . » 85 » —	240 »
	Thurelles . . . . . . » 88—89 —	90 »
	Longueur totale	1.910 mètres

La longueur d'aqueduc construit en maçonnerie se décompose ainsi :

Aqueduc en tranchée normale	56.260
» en grande tranchée	48.150
» en souterrain	17.190
» sur arcades	1.910
Longueur totale	126.410

Siphons. Les vallées profondes sont franchies par des siphons.

Saint-Clément . . . . kilom. 12	longueur	290 mètres
Oreuse . . . . » 21— 22 »	. . . .	600 »
Yonne . . . . » 26— 31 »	. . . .	3.770 »
Villemanoche . . . . » 31— 32 »	. . . .	280 »
Villeneuve-la-Guyard . . . . » 43— 44 »	. . . .	320 »
Chevinois . . . . » 44— 45 »	. . . .	400 «
Cannes . . . . » 47— 48 »	. . . .	620 »
Montereau . . . . » 53— 55 »	. . . .	1.160 »
Loing . . . . » 64— 66 »	. . . .	1.260 »
Thurelles . . . . » 89— 90 »	. . . .	580 »
Ecolle . . . . » 92— 95 »	. . . .	1.950 »
Essonne . . . . » 108—110 »	. . . .	1.470 »
Orge . . . . » 121—123 »	. . . .	1.280 »
Rungis . . . . » 131—132 »	. . . .	450 »
Bièvre . . . . » 138—140 »	. . . .	1.060 »
	Longueur totale	15.490 mètres

La plus grande flèche de ces siphons est de 40 mètres (1).
Il y a cinq grands ponts importants :

Yonne............	kilom. 28— 29	longueur......	100
Loing.............	» 63— 64	»	60
Ecolle............	» 93— 94	»	12
Essonne..........	» 109—110	»	28
Orge.............	» 122—123	»	20

Les autres ouvrages d'art sont sans importance.

50. L'aqueduc doit débiter 1,160 litres par seconde.

Pente, section et débit de l'aqueduc. — Diamètre des conduites forcées.

On propose de lui donner une section circulaire de 2^m26 de diamètre dans l'intérieur des enduits.

(*Voir* le croquis ci-contre).

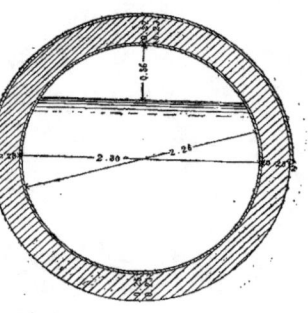

Les enduits intérieurs ayant 0^m02, le diamètre entre les parements bruts de la maçonnerie est 2^m30. Le profil extérieur est elliptique, la longueur du grand axe (ligne des naissances), est 2^m86, celle du petit axe (axe vertical) 2^m76.

Les maçonneries sont donc légèrement renflées vers les naissances où leur épaisseur est de 0^m28, et un peu déprimées à la clef et au radier, où elles se réduisent à 0^m23. La pente de l'aqueduc est de 0^m10 par kilom.

En appliquant à l'aqueduc établi dans ces conditions la formule de Prony, on a I pente par mètre = ... 0^m0001

R rayon de la section mouillée = la moitié du rayon du cercle = 0.56

R I = 0.000056 d'où la vitesse moyenne de l'eau U dans l'aqueduc entièrement plein = ... 0.36

la section de l'aqueduc étant..................... 4.01

on trouve que le débit = ... 1.444

Le débit maximum est obtenu lorsque l'aqueduc est rempli jusqu'au côté du carré inscrit; ce qui laisse un vide de 0^m33 entre la clef et l'eau; le côté du carré inscrit étant.................... 1^m60

on trouve facilement que la section mouillée S = ... 3.65

le périmètre mouillé P = ... 5.33

d'où $R = \dfrac{S}{P} =$ 0.68

et R I = ... 0.000068

la vitesse moyenne correspondante U = ... 0.40

et le débit Q = S × U = ... 1.460

La puissance de débit de l'aqueduc est donc un peu plus grande qu'il ne faut. Mais le vide de 0.33 paraît un peu faible, il faut admettre que l'aqueduc ne se remplira que jusqu'au côté du triangle équilatéral inscrit, laissant au-dessus de l'eau un vide de 0^m56.

---

(1) On sait que les grands siphons de l'aqueduc de la Dhuis ont de 70 à 75m de flèche.

Le côté du triangle inscrit est de...... .... 1^m92
La section mouillée S = ... 3.21
Le périmètre mouillé P = ... 4.73

$R = \frac{S}{P} = 0.68$, $RI = 0.000068$ et $U = 0.40$ d'où le débit $Q = 3.21 \times 0.40 = 1^m284$.

On voit que le debit est encore plus que suffisant puisqu'on ne doit dériver que 1,160 litres.

L'aqueduc étant revêtu intérieurement d'un enduit lisse, les expériences de Darcy, continuées par M. Bazin, prouvent que le débit sera beaucoup plus grand.

En effet en appliquant la formule établie par M. Bazin,
$\frac{RI}{V^2} = 0.00015 \left(1 \times \frac{0.03}{R} \right)$ (enduits lisses), on trouve que l'aqueduc entièrement plein débiterait 2^m406 et à demi plein 1^m206.

On pourrait réduire le diamètre à moins de 2 mètres, ce qui produirait une économie considérable. Les résultats constatés dans la Dhuis confirment pleinement ceux annoncés par Darcy. Pour débiter 1,160 litres par seconde, l'eau s'abaisserait donc notablement au-dessous du côté du triangle équilatéral inscrit.

En résumé, en calculant le débit de l'aqueduc par la formule de Prony, on trouve que rempli jusqu'au côté du triangle équilatéral inscrit, il doit débiter 1,284 litres par seconde où 110,938 mètres cubes par vingt-quatre heures.

En appliquant la formule de Darcy, on trouve que l'eau doit s'abaisser au niveau du centre.

Les dimensions des maçonneries sont un peu plus fortes que celles des égouts construits à Paris dans ces dernières années.

Ces maçonneries seront construites en matériaux siliceux et mortier de ciment. Les enduits seront en mortier de même nature.

Siphons. Nous admettons que les siphons se composeront de deux conduites.

Chaque conduite aurait un diamètre de 1^m20 et une charge de 0^m38 par kil.; dans ces conditions, la formule de Prony donne un débit de 610 litres par seconde; un siphon composé de 2 conduits débiterait donc 1,220 litres, soit 107,408 litres par vingt-quatre heures.

Deuxième variante du tracé du grand aqueduc.

51. On a vu ci-dessus que les eaux des sources hautes arrivaient vis-à-vis Malbortie à l'altitude 108^m00, et que l'altitude de départ du grand aqueduc était 92; de sorte qu'on abaissait en pure perte le niveau des sources hautes de 16 mètres. Cette perte est certainement très regrettable.

A la vérité, il n'est pas possible de relever la cote d'arrivée à Paris de cette quantité.

Le sommet de Montrouge dans l'intérieur des fortifications est disposé de telle sorte, que le trop plein du réservoir ne peut pas s'élever au-dessus de l'altitude 80. On ne peut donc gagner que 5^{m}31, ce qui néanmoins serait d'une grande importance, comme on le verra plus loin (58).

Si le niveau des sources hautes pouvait être maintenu, il resterait une pente disponible de 10^{m}69, qui serait très utilement répartie sur toute la longueur de l'aqueduc. La pente de la galerie en maçonnerie serait de 0^{m}14 à 0^{m}15 par kilom., au lieu de 0^{m}10, et la charge des siphons de 0^{m}60 par kilom. au lieu de 0^{m}38. On pourrait diminuer notablement les dimensions de ces ouvrages.

Nous supposerons donc que déduction faite de toutes les pertes de charge, la cote de départ du grand aqueduc sera 108 mètres.

52. D'après les cotes données ci-dessus (46), les sources basses devraient être relevées des quantités suivantes :

Mode de relèvement des sources basses.

```
Chigy. . . .   108 — 92.05 = 15m95
St.-Philibert.  108 — 89.93 = 18.07
Marcouf. . .  108 — 89.65 = 18.35
Malhortie. .  108 — 89.45 = 18.55
Caprais-Roy.  108 — 89.16 = 18.84
Theil. . . .   108 — 92.61 = 15.39
Chapeau . .  108 — 91.43 = 16.57
Noé. . . . .  108 — 88.39 = 18.61
```

On trouvera facilement comme ci-dessus (46) que ce travail à faire peut s'évaluer ainsi :

```
En bonnes eaux :
Chigy, Theil, Chapeau. . . . . . . . . . . . . . .   400 × 16 =  6.400 k.m.
Saint-Philibert, Malhortie, Caprais-Roy. . . . . .   300 × 18 =  5.400
Noé. . . . . . . . . . . . . . . . . . . . . . . .    83 × 20 =  1.660
                                    Total. . . . .            13.460 k.m.
En très basses eaux :
Chigy, Theil, Chapeau. . . . . . . . . . . . . . .   190 × 16 =  3.040 k.m.
Saint-Philibert, Malhortie, Caprais-Roy. . . . . .   124 × 18 =  2.332
Noé. . . . . . . . . . . . . . . . . . . . . . . .    45 × 20 =    900
                                    Total. . . . .             6.272 k.m.
```

Ainsi, pour relever les sources basses au niveau de l'aqueduc maintenu à l'altitude 108 mètres, il faudrait en temps de bonnes eaux une force de 13,460 k. m., et dans les basses eaux extrêmes, comme celles de 1865, de 6,272 k. m.

On trouverait facilement la force nécessaire dans les moulins qui bordent la Vanne, le long des sources basses. En effet, en bonnes eaux la Vanne conservera, après le détournement des sources de la Ville, 3,800 litres d'eau par seconde ; avec ce volume la puissance théorique des moulins qu'il serait possible d'utiliser serait :

```
Moulin de Chigy. . . . . . . . . . . . . . .  0.87 × 3.800 =  3.306 k.m.
Pont-sur-Vanne, insignifiant. . . . . . . . .       »             »
  —    de la Forge. . . . . . . . . . . . .  1.74 × 3.800 =  6.612
  —    de Mâlay-le-Roi. . . . . . . . . . .  2.00 × 3.800 =  7.600
  —    de Fréparoy (1). . . . . . . . . . .  1.00 × 3.800 =  3.800
  —    de Mâlay-le-Vicomte (1). . . . . . .  2.60 × 2.000 =  5.200
                               Total. . . . .              26.516 k.m.
```

---

(1) Ces deux usines sont la propriété de la Ville.

En très basses eaux, comme celles de 1865, le débit de la Vanne se réduit, déduction faite de l'eau de l'aqueduc, à 2,000 litres par seconde. La puissance théorique des usines devient :

Chigy	$2.000 \times 0.87 =$	1.740
Laforge	$2.000 \times 1.74 =$	3.480
Mâlay-le-Roi	$2.000 \times 2.00 =$	4.000
Fréparoy	$2.000 \times 1.00 =$	2.000
Mâlay-le-Vicomte (1)	»	»
Total		11.220

En supposant qu'on établisse dans ces usines, à la place des moulins, des pompes qui utilisent, avec les roues, la moitié de la force théorique, on aurait pour effet utile possible, en bonnes eaux 13,259 k. m., et en très basses eaux 5,610 k. m., nombres qui sont un peu plus faibles que les quantités de travail à produire; mais on peut facilement avoir un excès de force en abaissant de 1 ou 2 mètres le point de départ de la dérivation, ce qui, comme on l'a vu ci-dessus, ne changerait rien à l'altitude du point d'arrivée.

Les cinq usines susnommées seraient donc à peu près suffisantes pour refouler en tout temps l'eau des sources basses dans l'aqueduc maintenu à l'altitude 108.

Voici comment ce relèvement s'opérerait.

L'aqueduc d'Armentières traverserait la Vanne à Chigy par un siphon. Il se développerait à partir de là sur la rive droite de la Vanne, avec une pente de 0^m15 par kilom. (*Voir* sur le plan le tracé ponctué.)

Les sources basses seraient recueillies sur la rive gauche dans un ou deux aqueducs. A chaque usine une conduite de 0^m50 à 0^m80 de diamètre partirait de l'aqueduc de la rive gauche, conduirait l'eau à refouler à l'usine. Une conduite de même diamètre conduirait l'eau refoulée dans l'aqueduc de la rive droite.

Description du tracé de la deuxième variante.

53. Le tracé de cette variante s'écarte très peu de celui décrit plus haut (première variante), ce qui nous dispense d'en faire la description.

Depuis Chigy jusqu'à Moret, il est établi dans les coteaux crayeux à très peu près dans les mêmes conditions que celui de la première variante.

Dans la traversée de la forêt de Fontainebleau et des sables depuis la vallée du Loing jusqu'à Champcueil, il supprime beaucoup de difficultés, en diminuant la profondeur des tranchées et la longueur des souterrains.

Mais après avoir franchi l'Essonne, il traverse un plateau trop bas et devra être soutenu sur une longueur de plusieurs kilomètres sur des arcades basses.

A partir de l'Orge on retrouve l'altitude nécessaire, et les deux variantes se trouvent très sensiblement dans les mêmes conditions.

---

(1) Dans les sécheresses extrêmes l'eau serait entièrement absorbée par la dérivation, le rû de Mondereau et l'usine Querelle.

La longueur du grand aqueduc dans la deuxième variante est de 139 kilom.

54. Souterrains, longueur et emplacement.

Principaux ouvrages. — Deuxième variante.

Entre les kilomètres		1	et	3	longueur	1.180 mètres.
—	—	4		5	—	870 —
—	—	5		6	—	560 —
—	—	18		19	—	190 —
—	—	19		»	—	480 —
—	—	23		24	—	350 —
—	—	33		34	—	290 —
—	—	34		35	—	290 —
—	—	35		36	—	1.100 —
—	—	37		38	—	310 —
—	—	39		»	—	60 —
—	—	43		44	—	200 —
—	—	48		49	—	660 —
—	—	50		52	—	100 —
—	—	55		57	—	900 —
—	—	58		59	—	160 —
—	—	77		80	—	2.030 —
—	—	85		86	—	100 —
—	—	86		87	—	140 —
—	—	90		91	—	880 —
—	—	91		92	—	450 —
—	—	96		97	—	920 —
—	—	97		99	—	2.170 —
—	—	100		»	—	340 —
—	—	132		133	—	560 —

Longueurs totales..... 15.310

Ponts-aqueducs.

					HAUTEUR	
					de 0 à 5m.	de 6 à 10m.
Entre les kilomètres		3	et	4	750	»
—	—	10		11	»	470
—	—	11		12	»	410
—	—	16		18	420	»
—	—	18		19	380	»
—	—	21		»	380	»
—	—	33		34	»	350
—	—	34		35	70	»
—	—	36		37	60	»
—	—	37		38	»	180
—	—	38		»	»	420
—	—	60		»	130	»
—	—	64		»	290	»
—	—	64		67	1.630	»
—	—	69		71	270	1.420
—	—	73		74	400	»
—	—	75		»	250	»
—	—	83		84	»	630
—	—	84		85	»	580
—	—	88		89	»	170
—	—	101		103	1.450	»
—	—	107		»	280	»
—	—	108		109	700	»
—	—	112		113	1.050	»
—	—	113		116	1.940	»
—	—	138		139	900	»
Longueurs totales					11.350	4.650

Siphons.

Entre les kilomètres	0	et	2	Siphon de la Vanne	1.700 mètres.
—	14	et	15	— de Soucy	640 —
—		au kilom.	20	— de l'Oreuse	1.180 —
—	25	à	30	— de l'Yonne	4.390 —
—	31	à	33	— de Villemanoche	550 —
—	41	et	42	} Villeneuve-la-Guyard	470 —
—	42	et	43		420 —
—	61	à	64	— de Moret	2.100 —
—	89	et	90	— des Thurelles	680 —
—	91	à	94	— d'Écollé	2.260 —
—	107	à	109	— d'Essonne	1.580 —
—	119	à	122	— de l'Orge	1.430 —
—	135	à	137	— de la Bièvre	1.060 —

Total..... 18.480 mètres

La plus grande flèche de ces siphons sera moindre que 50 mètres.

Pente, section et débit de l'aqueduc. — Diamètre des conduites forcées (deuxième variante).

55. On a vu (51) qu'un des avantages principaux de la deuxième variante était de porter la pente du tracé à 0^m15 au lieu de 0^m10 par kilomètre.

La section de l'aqueduc doit subir une notable réduction. Nous avons démontré qu'avec la pente de 0^m10 une galerie circulaire de 2^m26 de diamètre entre les enduits débitait 1^m444 par $1''$ en la supposant entièrement pleine; il faut que l'aqueduc de la deuxième variante ait le même débit.

Appliquons la formule de Prony à un aqueduc de forme circulaire de 2^m04 de diamètre, entièrement plein; d'après les hypothèses faites ci-dessus on a :

La pente par mètre I = ... 0^m00015
La section S = ... 3.27
La circonférence P 6.41
$R = \dfrac{S}{P} = $ 0.51
d'où R I = ... 0.0000765
la vitesse moyenne U = ... 0.43
et le débit $Q = S \times U = $ 1.406

nombre à peu près égal à celui obtenu pour la première variante. En supposant l'aqueduc rempli jusqu'au côté du triangle équilatéral inscrit, on a pour la flèche du vide au-dessus de l'eau la moitié du rayon ou 0^m52.

Les autres données du problème sont la section mouillée $S = 2^m62$
Le périmètre mouillé P = ... 4.27
$R = \dfrac{S}{P} = $ 0.61
R I = ... 0.000091

d'où $U = 0.48$, ce qui donne le débit $Q = S \times U = 1^m257$, nombre un peu plus grand que le débit normal.

L'aqueduc ne se remplira donc pas jusqu'au niveau du côté du triangle équilatéral inscrit. L'eau se tiendra à 8 ou 10 centimètres au-dessous, soit à 0^m60 en contre-bas de la clef.

En appliquant la formule de Darcy, on arriverait à un diamètre notablement moindre.

Les siphons se composeront de deux conduites de 1^m10 de diamètre intérieur, ayant 0^m60 de charge par kilomètre.

En appliquant la formule de Prony, on trouve que chacune de ces conduites peut débiter 589 litres, soit pour les deux 1,178 litres, quantité un peu supérieure au débit normal.

56. Le détail estimatif se divise en quatre parties.

Dépenses comparatives pour les deux variantes.

Première variante.

1re PARTIE. — Aqueduc entre les sources d'Armentières et Malhortie.	1.700.000
2e PARTIE. — Aqueducs secondaires du Bîme, de Chigy, de Noé, usine hydraulique de Malhortie.	600.000
3e PARTIE. — Grand aqueduc de Theil à Paris.	21.100.000
4e PARTIE. — Sources, terrains, usines et droit d'irrigation.	2.000.000
Somme à valoir pour cas imprévus.	3.600.000
Total.	29.000.000

Deuxième variante

1re PARTIE. — Aqueduc d'Armentières à Malhortie, déduction faite du siphon de Malhortie.	1.700.000
2e PARTIE. — Dérivation secondaire du Bîme, de Chigy, etc., usine hydraulique.	2.400.000
3e PARTIE. — Grand aqueduc de Theil à Paris.	20.100.000
4e PARTIE. — Sources, terrains, etc.	2.000.000
Somme à valoir pour cas imprévus.	3.400.000
Total.	29.600.000

On a vu ci-dessus (26), que les acquisitions faites jusqu'ici dans la vallée de la Vanne, ont coûté.................... 3,205,000 fr.

Mais qu'une partie de ces immeubles pouvait être revendue... 1,205,000 »

Reste à porter en dépense.................. 2,000,000 fr.

De sorte que la dérivation de la Vanne coûtera en nombre rond 31,000,000 francs, quelle que soit d'ailleurs la variante du tracé qu'on adopte.

L'intérêt de cette somme, compté à 5 0/0, représente une somme de.. 1,550,000 fr.

L'entretien de l'aqueduc coûtera à peine......... 100,000 »

Dépense annuelle totale.................... 1,650,000 fr.

L'aqueduc conduira à Paris 36,000,000 mètres cubes d'eau au moins. Le mètre cube d'eau coûtera donc environ :

$$\frac{1,650,000}{36,000,000} = 0 \text{ fr. } 046$$

C'est ce que coûte l'eau de Seine *non filtrée* élevée à l'altitude 80^m par les meilleures machines de la Ville, celles du quai d'Austerlitz.

57. Quel que soit celui des deux tracés décrits ci-dessus auquel on s'arrêtera, on voit que la dépense sera à peu près la même.

Discussion.

Il est probable que tous les tracés intermédiaires qu'on pourrait choisir donneraient le même résultat.

Ce n'est donc pas par des considérations d'économie qu'on peut être amené à faire un choix.

Mais le second tracé amène l'eau à Paris à l'altitude 80ᵐ00, ce qui est un point très important comme on va le voir.

Le réservoir de Gentilly, situé à une assez grande distance de Paris, a son trop plein à l'altitude 82ᵐ00.

La pression manométrique mesurée aux fortifications, sur la route d'Orléans, donne les résultats suivants à diverses heures de la journée, suivant les oscillations de l'eau dans le réservoir.

Jeudi 23 novembre

8 heures matin	76.64
10 —	76.11
1 heure soir	76.61
2 —	76.00
4 —	77.10
9 —	78.10

Il a été constaté par la pratique, qu'avec ces cotes le service de Montrouge et de la barrière d'Italie ne laissait rien à désirer, qu'il ne donnait lieu à aucune plainte.

Lorsque la pression de l'eau tombe au-dessous de ces cotes, l'alimentation des points hauts devient difficile et les réclamations sont nombreuses.

Il paraît donc bien certain que pour obtenir un bon service, il faut qu'aux fortifications la pression de l'eau ne tombe pas beaucoup au-dessous de 76ᵐ, lorsque le réservoir se vide; il faut donc que le trop plein du nouveau réservoir, qui est près des fortifications, soit à environ 80ᵐ. Si l'on admettait pour ce trop plein l'altitude 74 correspondant à la cote d'arrivée du premier tracé, il faudrait relever avec des machines un certain volume d'eau, pour alimenter Montrouge, la barrière d'Italie, la butte aux Cailles, et même le plateau du Panthéon.

Avec l'altitude 80 au contraire, cote d'arrivée du deuxième tracé, le service de machine se trouve supprimé.

La deuxième variante est donc de beaucoup la meilleure à ce point de vue.

Mais elle exige au départ un système compliqué de machines élévatoires, et avant de faire un choix, il faut des études plus précises que celles d'un avant-projet.

Nous admettrons donc que la question ne sera résolue que par l'étude du projet d'exécution, que la cote de départ de l'eau de la grande dérivation sera comprise, vers Theil, entre 93 et 110ᵐ et celle d'arrivée à Paris entre 74 et 80ᵐ.

Distribution de l'eau.

58. Le projet de distribution des eaux de source a été soumis à l'Administration municipale et les travaux de première urgence, montant à la somme de 7,100,000 francs, ont été approuvés par arrêté du 5 janvier 1863.

Le projet de dérivation de la Vanne, que nous présentons aujourd'hui, exige quelques modifications assez importantes dans la disposition des conduites maîtresses de distribution.

En effet, d'après le projet approuvé, le point de départ des eaux du service bas était un réservoir situé sur la pente des buttes Chaumont, au nord du square. Aujourd'hui le point de départ de ces eaux sera un réservoir situé au sud de Paris, sur le plateau de Montrouge. Les terrains nécessaires sont achetés.

Il est donc indispensable que les conduites maîtresses qui partaient du réservoir du nord, soient reportées au réservoir de Montrouge.

On trouvera au dossier : 1° le plan approuvé par l'arrêté du 5 janvier 1865 ; 2° le plan modifié correspondant à la construction du réservoir de Montrouge ; 3° le plan général des égouts à construire à Paris, d'après ce projet de distribution.

Cette modification ne donnant lieu à aucune augmentation de dépense, peut être approuvé par un simple arrêté préfectoral, comme étant une conséquence du projet de dérivation des eaux de la Vanne.

Nous venons de dire qu'en partant de l'altitude 80 tous les points hauts de la rive gauche seraient convenablement desservis.

Toute la partie de la rive droite que les eaux de la Vanne doivent alimenter reçoivent aujourd'hui les eaux d'Ourcq, dont l'altitude de départ est 52^m et qui montent partout au premier étage des maisons ; en prenant pour altitude de départ une cote comprise entre 74 et 80, c'est-à-dire de 22 à 28^m plus élevée, il est évident qu'on pourra atteindre les étages les plus élevés des maisons.

59. Le projet que nous présentons doit, s'il est approuvé par l'autorité municipale, être soumis à une enquête *de commodo et incommodo*, conformément au titre premier de la loi du 3 mai 1841 dans les cinq départements de l'Aube, de l'Yonne, de Seine-et-Marne, de Seine-et-Oise et de Seine.

Enquêtes.

Nous joignons donc au projet cinq dossiers comprenant les pièces exigées en pareil cas, savoir :

1° La carte générale du tracé à l'échelle du $\frac{1}{80,000}$

2° Un profil en long des deux aqueducs maîtres.

3° Une feuille des types d'aqueduc.

4° Un rapport descriptif.

5° Un projet de décret de déclaration d'utilité publique. Ce projet de décret est conforme à celui du 4 mars 1862, rendu pour la dérivation de la Dhuis.

60. En résumé, nous estimons que l'avant-projet ci-joint, montant à la somme de 29,000,000 francs, doit être soumis à l'approbation de l'autorité municipale et ensuite à une enquête *de commodo et incommodo*, conformément au titre premier de la loi du 3 mai 1841.

Résumé.

4ᵐᵉ PARTIE

PIÈCES JUSTIFICATIVES
N° 1.

TABLEAU DES LOYERS ET FERMAGES DES PROPRIÉTÉS DE LA VILLE DE PARIS DANS LA VALLÉE DE LA VANNE.

1°	Moulins du Roy loués à M. Plicque................	»	»	20,000	»
2°	Moulin de Saint-Paul loué à M. Arcillon............	»	»	2,000	»
3°	Propriété des Vannes, louée, savoir :				
	Les usines à tan, à MM. Paulmier et Marion négociants......	12,600	»	»	»
	Le moulin à blé de la scierie loué à M. Ravenean.........	6,000	»	»	»
	Ce moulin rapportera un loyer de 8,000 fr. à compter du 1ᵉʳ juillet 1866.				
	La maison d'habitation louée à M. Marion.............	1,000	»	»	»
	Une parcelle de terre louée à M. Chartraire...........	12	»	»	»
	Ensemble......	19,612	»	19,612	»
4°	Grands moulins de Màlay-le-Grand, loués à M. Gassot...............			1,500	»
5°	Moulin de Fréparoy et dépendances, sis à Màlay-le-Grand...............			»	»
	Ce moulin a été incendié et n'est susceptible d'aucun revenu ; le régisseur, soussigné, estime que le fermage des dépendances s'élèvera à la somme de quatre-vingts francs, ci........			80	»
6°	Pré du Chapeau, à Theil.				
	L'herbe de ce pré s'amodie tous les ans ; le régisseur, soussigné, estime qu'on peut porter le chiffre de location à soixante-dix francs.....			70	»
7°	Chute de Noé, louée au propriétaire.......................			250	»
8°	Propriété de Theil, louée au sieur Lécorchez...................			200	»
9°	Propriété de Malhortie louée à divers, savoir :				
	Au sieur Bourgeois, fermier à Theil.................	521	»	»	»
	Au sieur Dufresnoy, demeurant à Theil..............	100	»	»	»
	Au sieur Caprais-Roy, de Theil..................	86	»	»	»
	Au sieur Savinien Simonnet, de Theil...............	75	»	»	»
	Au sieur Pierre Roy, de Theil..................	72	»	»	»
	Au sieur Linard Maillet, de Theil................	70	»	»	»
	Aux sieurs Savinien Rigoureau et Eugène Linard, de Theil....	75	»	»	»
	Aux sieurs François et Isidor Faillot, de Theil.........	75	»	»	»
	Aux héritiers de Basile Gassot, de Theil..............	8	»	»	»
	Au sieur Hippolyte Poncy, de Theil................	2	»	»	»
	Au sieur Victor Ingnot, de Theil, représentant Alexandre Dufresnoy, son beau-père décédé.................	134	»	»	»
	A la veuve de Nicolas Colson, de Pont-sur-Vanne, représentant son mari................................	303	»	»	»
	Au sieur Charlemagne Fouchy, de Pont-sur-Vanne.........	62	»	»	»
	Au sieur Simon Fouchy, de Pont-sur-Vanne............	50	»	»	»
	Au sieur François Creveau, de Pont-sur-Vanne..........	55	»	»	»
	Au sieur Maurice Creveau, de Pont-sur-Vanne..........	85	»	»	»
	Ensemble......	1,770	»	1,770	»
10°	Prés de Chigy, sis commune de ce nom.				
	Ces prés ne sont pas loués ; la coupe de l'herbe se vend tous les ans ; le régisseur, soussigné, estime que le revenu annuel peut être porté à.	100	»		
11°	Propriété de M. Verrollot à Cérilly, louée savoir :				
	La ferme de la Moinerie et ses dépendances aux sieur et dame Chossemier, cultivateurs, moyennant un fermage annuel de..	6,812	»		
	A REPORTER........	6,912	»	45,482	»

	Report.	6,912	»	45,482	»
	Plus des faisances :				
	Le moulin de Cérilly aux sieur et dame Bablon-Briet, moyennant.	2,000	»	»	»
	A partir du 1ᵉʳ mars 1866, ce moulin ne sera plus loué que 1.500 fr.				
	Quelques parcelles de terre au sieur Beau-Fèvre, cultivateur aux bois de Rigny, moyennant.	335	90	»	»
	Quelques parcelles de terre au sieur Gradot, de Cérilly, moyennant	240	»	»	»
	Le bail consenti au sieur Gradot n'est pas encore approuvé par le Conseil municipal de Paris.				
	Ensemble.	9,487	90	9,487	90
12°	Propriété de M. Bouillat à Gerbeaux, commune de Rigny-le-Ferron et autres environnantes, louée à divers, savoir :				
	Aux sieurs et dame Courtin, fermiers à Gerbeaux	8,627	»	»	»
	Plus diverses faisances :				
	Au sieur Bevançon (Hilaire), cultivateur aux Bois de Rigny	70	»	»	»
	Au sieur Gillet, marchand boucher à Rigny.	MÉMOIRE.	»	»	»
	Le bail de ce fermier semble s'appliquer à une parcelle de terre que M. Bouillat s'est réservée lors de la vente de sa propriété de Gerbeaux à la Ville ; ce bail ne figure ici que pour mémoire ; le régisseur, soussigné, lors de son premier voyage à Rigny, se transportera sur le terrain et vérifiera le fait.				
	Au sieur Salmon, marchand de grains à Rigny.	576	»	»	»
	Au sieur Théodore Jame, manouvrier à Rigny.	30	»	»	»
	Au sieur Viot-Dugois, vigneron à Rigny	50	»	»	»
	Au sieur Prestat, cultivateur à Rigny.	370	»	»	»
	Au sieur Hardy, cultivateur à Rigny.	360	»	»	»
	Au sieur Robin, cultivateur à Rigny.	365	»	»	»
	Au sieur Pierre-Ponce Jame, charretier à Rigny.	115	»	»	»
	Au sieur Louis-Alexis Dupuis, cultivateur à Rigny.	330	»	»	»
	Au sieur Louis Beau, vigneron à Rigny.	30	»	»	»
	Au sieur Venant, cultivateur à Rigny.	800	»	»	»
	Au sieur Guignard, meunier à Rigny.	1,800	»	»	»
	Au sieur Etienne Fèvre, cultivateur aux Vallées-de-Cérilly. . . .	600	»	»	»
	Au sieur Devaux, meunier aux Bois de Rigny.	50	»	»	»
	Au sieur Dupuis, cultivateur à Rigny.	108	»	»	»
	Au sieur Brulé, meunier à Gerbeaux	3,617	»	»	»
	Le bail de Brulé expire le 1ᵉʳ février 1866.				
	Le régisseur, soussigné, estime qu'il ne pourra être renouvelé au même prix ; Brulé demande une diminution de 1.000 fr.				
	Ensemble.	17,898	»	17,898	»
	Total des revenus des propriétés de la ville de Paris dans la vallée de la Vanne. . .			72,867	90

Le Régisseur des propriétés de la Ville,

Signé : **MANCEL.**

N° 2.

On a cherché à filtrer les eaux des rivières au moyen de galeries ouvertes dans les graviers des berges.

J'ai démontré que l'eau qui circule dans ces graviers ne provient pas des rivières ; qu'elle est toujours à un niveau plus élevé et que par conséquent elle provient des nappes souterraines. Si donc on se contentait de prendre l'eau dans ces galeries sans abaisser son niveau, on serait certain de ne pas avoir une seule goutte d'eau de rivière.

Mais on pouvait croire qu'en abaissant notablement le niveau de l'eau de la tranchée au-dessous de celui de la rivière, on ferait un appel à l'eau de cette dernière et qu'on obtiendrait ainsi un filtrage naturel.

Pour lever tous mes doutes à cet égard j'ai fait les essais suivants :

Les villes de Lyon, de Toulouse et de Fontainebleau alimentent leur distribution au moyen de galeries filtrantes, ouvertes sur les bords du Rhône, de la Garonne et de la Seine.

J'ai fait venir des eaux de ces trois distributions et je les ai essayées à l'hydrotimètre.

Essai du 28 janvier 1860.

Eau puisée dans le Rhône.	16°
— dans la galerie filtrante	17° 94
— dans un autre bassin de filtration	18° 43
— dans un puits du voisinage	23° 77

Du filtrage des eaux au moyen de galeries ouvertes dans les graviers des berges des rivières ; les eaux ainsi obtenues proviennent en grande partie des nappes souterraines et ne peuvent être considérées comme des eaux de rivière filtrées.

L'influence de la nappe souterraine est évidente.

Il en est de même à Toulouse ; le 30 janvier 1862, j'ai constaté que l'eau puisée dans le fleuve marquait. . . . . 13° 31
et que l'eau de la galerie de filtration donnait. . . . . 15° 92

La Garonne. — Les galeries filtrantes de Toulouse donnent de l'eau excellente mais notablement plus dure que celle du fleuve.

J'avais depuis longtemps la conviction que les graviers de la vallée de Seine n'étaient pas propres à filtrer les eaux du fleuve ; le 27 avril 1859, j'avais constaté qu'une galerie filtrante, ouverte dans ces graviers, pour l'alimentation de la ville de Fontainebleau, donnait de l'eau à 21° 20

Tandis que l'eau du fleuve marquait. . . . . 16° 73

La Seine.

Galeries filtrantes de Fontainebleau, les eaux obtenues sont de même nature que celles des sources voisines.

Les eaux ainsi obtenues par filtration se rapprochaient beaucoup plus de celles des sources voisines, qui marquaient de 19° 60 à 28° 80.

En 1859, lorsqu'on a proposé d'alimenter Paris en eau de la Loire, j'ai été chargé de l'étude du projet. On avait beaucoup vanté les puits creusés le long du fleuve, dont l'eau, disait-on, était d'une limpidité et d'une pureté admirables et provenait du lit du fleuve.

Eaux du val de la Loire. Les puits voisins du fleuve ne sont pas alimentés par la Loire.

J'ai fait l'essai hydrotimétrique comparatif de ces eaux de puits et de l'eau de la Loire entre Cosne et Orléans, où devait se faire la prise d'eau; voici les résultats de ces essais :

Puisages du 24 mai 1859.

A COSNE :
Eau du fleuve à peu près claire .... 5° 91
   » d'un puits à   35 mètres de la berge. .... 32° 76
   »   »   à 1.100   »   » .... 29° 12

A MYENNES :
Eau d'un puits à   70 mètres de la berge .... 46° 41
   »   »   à 450   »   » .... 61• 88

A LA CELLE :
Eau d'un puits à   30 mètres de la berge .... 30° 03
   »   »   à 1.200   »   » .... 46° 41

A NEUVY :
Eau du fleuve en amont de la ville.................. 6° 83
Eau d'un puits à   25 mètres de la berge .... 52° 78
   »   »   à 1.200   »   » .... 29° 68

On voit que dans chaque localité on a essayé l'eau de deux puits. Le niveau du puits le plus rapproché varie avec celui du fleuve, le niveau du puits éloigné est invariable; les essais font voir clairement qu'il n'y a aucun rapport entre les eaux du fleuve et du puits, que ces derniers soient éloignés ou rapprochés de la berge.

Ce qu'il y a de plus singulier, c'est que l'eau de ces puits se trouble pendant les crues du fleuve.

Les eaux de Nevers. L'eau de la galerie filtrante ne provient ni de la Loire ni du canal.

Malgré ces essais dont on avait fait connaître officiellement les résultats dans le rapport sur ce projet, les personnes qui avaient mis en avant l'idée d'une dérivation d'eau de la Loire, crurent devoir faire une expérience décisive ; à Nevers un puisard fut établi sur la rive gauche, dans les alluvions de la plaine, et une machine y fut installée pour alimenter la ville.

Je chargeai M. l'ingénieur Rozat de Mandres de se rendre compte du résultat obtenu. Il reconnut le 3 septembre 1861 que l'eau de la machine marquait 24° à l'hydrotimètre, tandis que l'eau du fleuve donnait 7°.

M. Robinet, rapporteur de la commission d'enquête de la dérivation de la Dhuis, et M. Lefort se transportèrent sur les lieux et obtinrent les mêmes résultats que M. Rozat.

Les auteurs de la machine cherchèrent à justifier leur eau, en disant qu'elle était altérée par les infiltrations du canal, dont le niveau est plus élevé que celui du fleuve.

Je fis venir, le 3 février 1862, un échantillon de chaque espèce d'eau et je constatai avec l'hydrotimètre que l'eau de la Loire marquait (1).. 4° 96
Celle du canal.. 7° 20
Et celle du puisard (1)................................. 20° 70

---

(1) Les différences entre ces résultats et ceux indiqués ci-dessus tiennent à ce que les derniers essais ont été faits en hiver, époque où les eaux sont toujours moins dures que dans la saison sèche.

L'eau du canal n'avait donc pas la fâcheuse influence qu'on lui attribuait.

A Blois on a établi des galeries filtrantes dans le lit même du fleuve ; les eaux de ces galeries essayées à l'hydrotimètre, le 22 juin 1859, ont donné .... 14° 45

Les galeries filtrantes de Blois sont fortement alimentées par la nappe souterraine.

Les eaux du fleuve marquaient le même jour............ 7° 76

Ainsi, bien que la galerie filtrante de Blois soit tellement rapprochée du fleuve que les eaux qu'elle reçoit deviennent louches ou même troubles en temps de crue, ces eaux proviennent en partie sinon entièrement de la nappe souterraine.

Je ne me contentai pas de ces essais ; comme nos contradicteurs annonçaient toujours que les galeries filtrantes donneraient d'excellents résultats dans la plaine d'Ivry, M. le préfet de la Seine m'autorisa à faire un essai qui prouverait de quel côté se trouvait la vérité.

Essais faits dans la plaine d'Ivry. On n'obtient que des eaux très dures même en faisant baisser le niveau du puisard à 1m00 au-dessous de l'étiage.

La ville de Paris possède un établissement hydraulique sur le bord de la Seine, à Port-à-l'Anglais, un peu en amont du pont d'Ivry. C'est à peu près la localité désignée par ceux qui préconisent les galeries filtrantes.

Les habitations sont trop rares encore dans cette localité pour que les infiltrations d'eaux ménagères aient une grande influence sur la nappe. Toutes les meilleures conditions s'y trouvent donc réunies.

J'ai fait ouvrir dans le jardin de l'établissement, à 96 mètres de la Seine, un puits de 9 mètres de profondeur, creusé sur une hauteur de 7m12 dans le diluvium qui tapisse le fond de la vallée de la Seine et se compose, comme l'indique la coupe ci-contre, de couches alternantes de gravier et de sable fin.

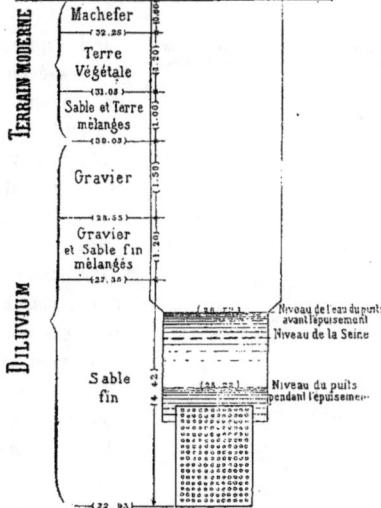

Avant l'épuisement l'eau ne provenait pas de la Seine.

Lorsque les essais ont été commencés, ce puits descendait à 3m14 dans la nappe d'eau et à 2m36 au-dessous du niveau du fleuve, qui était à 0m58 en contre-bas de ce qu'on est convenu d'appeler l'étiage. L'eau de la Seine était alors aussi claire qu'elle peut l'être, avant l'épuisement. Le niveau de la nappe souterraine était à 0m50 au-dessus de celui de la Seine ; on était donc certain qu'elle n'était pas alors alimentée par l'eau du fleuve.

Les essais hydrotimétriques ne laissaient d'ailleurs aucun doute sur ce point, l'eau de la Seine marquait...................... 19° 58

Celle du puits.................................. 46° 41

Pour n'introduire dans le puits aucune matière suspecte, au lieu de le revêtir de maçonnerie, on l'a blindé entièrement en bois, et on l'a terminé par un puisard dont les parois étaient maintenues par une cuve en tôle perforée de trous, analogue à celles qui ont été employées dans nos travaux d'épuisement depuis 1857, notamment à l'égout d'Asnières et au canal Saint-Martin.

L'épuisement donne un volume d'eau considérable.

Les essais commencèrent le 26 octobre 1861. Une machine locomobile faisait marcher une pompe qui donnait de 16 à 17 litres par seconde. On fit ainsi baisser l'eau, du 26 octobre au 3 novembre, de 1^{m}10, soit à 0^{m}60 au-dessous du niveau du fleuve,

Du 3 au 11 novembre les moyens d'épuisement furent augmentés au moyen d'une pompe de renfort, on put extraire 26 litres d'eau par seconde et on abaissa le niveau du puits à l'altitude 25^{m}22, soit à 1 mètre en contre-bas de celui du fleuve.

Le 11 novembre 1861, après dix-sept jours d'un épuisement qui donnait un volume d'eau de 2,246 mètres cubes, le régime paraissait parfaitement établi.

Le niveau de l'eau dans le puits était invariable.

Essai de cette eau qui provient entièrement de la nappe souterraine.

Je me transportai sur les lieux accompagné de MM. Robinet, président de l'Académie de médecine; Jules Lefort, chimiste qui s'est beaucoup occupé d'analyses d'eau, et Rozat de Mandres, ingénieur en chef, qui avait bien voulu se charger de l'exécution des travaux.

L'eau fut trouvée parfaitement limpide. Sa température était de 12°, tandis que celle du fleuve était de 7° 50.

Je fis l'essai de l'eau à l'hydrotimètre; elle marquait........ 45° 33

J'ai dit que l'eau de Seine donnait à cette époque........ 19° 58

Les ouvriers nous déclarèrent d'ailleurs que l'eau ne pouvait servir à cuire les légumes et qu'elle dissolvait si mal le savon qu'on ne pouvait même pas s'y laver les mains.

Les galeries filtrantes ne recevaient donc pas une goutte d'eau de Seine.

De nouveaux essais faits au quai d'Austerlitz donnent les mêmes résultats.

Depuis cette époque j'ai eu occasion de faire d'autres expériences non moins intéressantes. La ville de Paris a fait établir deux nouvelles pompes à feu sur le quai d'Austerlitz. La galerie qui doit prendre l'eau de la Seine a été construite par épuisement, et à cet effet, du 1er février au 21 juin 1862, c'est-à-dire pendant cent quarante et un jours, l'eau de la nappe souterraine a été abaissée à une altitude qui a varié de 23^{m}89 à 24^{m}59, tandis que pendant tout ce temps le niveau du fleuve variait de 29^m à 26^{m}24; le niveau de l'eau dans la tranchée a donc été maintenu à 1^{m}65, au moins, et jusqu'à 5 mètres en contre-bas de celui de la Seine. Cette tranchée qui partait du puisard des machines a été poussée jusqu'au fleuve; elle était d'ailleurs ouverte entièrement dans un banc de sable graveleux.

Je fis l'essai de cette eau qui marquait 135° 66 à l'hydrotimètre.

N° 3

RÉGIME DES BASSES EAUX DE LA SEINE

Depuis que le service hydrométrique du bassin de la Seine a été institué le fleuve a éprouvé une série de sécheresses telles qu'on n'en avait jamais vu.

Sécheresses extrêmes observées à Paris dans ces dernières années.

C'est ce que je vais chercher à établir par les observations faites à Paris, et par l'examen des courbes des variations de niveau des cours d'eau de tout le bassin.

Observations faites à Paris

D'après Egault (1) le zéro de l'échelle du pont de la Tournelle a été fixé au niveau des basses eaux de 1719.

Le zéro de l'échelle du pont de la Tournelle a été fixé au niveau des plus basses eaux de 1719.

Il est bien probable que c'était une année de sécheresse extraordinaire; évidemment, en établissant l'échelle, on a voulu prendre pour point de départ le niveau des plus basses eaux connues.

« Mais, ajoute Egault, les eaux ont plusieurs fois descendu au-dessous. »

Voici les années où le niveau de la Seine est descendu au-dessous du zéro de l'échelle du pont de la Tournelle dans le cours du xviiie siècle.

Les eaux du fleuve descendent plusieurs fois au-dessous de ce niveau.

Dans le xviiie siècle.

```
En 1731  Suivant Egault, de................  0.13
—  1742  Service de la navigation, de......  0.08
—  1743      —             de...............  0.14
—  1753      —             de...............  0.03
—  1765      —             de...............  0.03
—  1766      —             de...............  0.05
—  1767  Suivant Egault, de..................  0.27
—  1778  Registre de la police, de...........  0.08
```

Mais dans le xixe siècle les années de basses eaux ont été beaucoup plus nombreuses; voici les hauteurs au-dessous du zéro qui ont été constatées :

Mais surtout dans le xixe siècle.

```
En 1800  Registre de la police  de...........  0.17
—  1803        —                de...........  0.27
—  1807        —                de...........  0.05
—  1814        —                de...........  0.13
—  1815        —                de...........  0.14
—  1822        —                de...........  0.15
—  1823        —                de...........  0.05
—  1825        —                de...........  0.12
—  1826        —                de...........  0.12
—  1833        —                de...........  0.12
—  1842  Service de la navigation de.........  0.20
—  1843        —                de...........  0.10
```

A partir de 1849 le niveau de la Seine au pont de la Tournelle est relevé d'abord par les travaux de construction du barrage du pont Neuf, ensuite par la retenue de ce barrage. Les observations sont donc faites à l'échelle du pont Royal.

---

(1) Mémoire sur les inondations de Paris, par Egault, ingénieur des ponts et chaussées. — Chez Firmin Didot, 1814.

D'après les observations faites par M. l'inspecteur général Poirée, le zéro de l'échelle du pont de la Tournelle correspond à la cote 0″57 de l'échelle du pont Royal.

En admettant que cette différence se maintienne quand les eaux descendent au-dessous du zéro de l'échelle du pont de la Tournelle, on trouve qu'à partir du 1er janvier 1849 les eaux ont été plus basses qu'en 1719 :

En 1849	Service de la navigation	0.15
— 1854	Service hydrométrique	0.09
— 1855	—	0.05
— 1856	—	0.07
— 1857	—	0.47
— 1858	—	0.85
— 1859	—	0.75
— 1861	—	0.69
— 1862	—	0.37
— 1863	—	0.82
— 1864	—	0.77
— 1865	—	1.29

Correction à faire subir au chiffre des basses eaux depuis 1832. — Éclusées de l'Yonne et de la Seine. — Affameurs.

A partir de 1832 il faut faire subir à ces chiffres une correction ; les éclusées d'Yonne ayant modifié le régime du fleuve, pour avoir le niveau naturel, il faut diminuer de 0″05 environ les nombres qui précèdent.

En 1858, commencent les éclusées de la Seine en amont de Montereau, et cette diminution doit être portée à 0″15. En faisant ces corrections, on trouve que dans le xixe siècle les eaux de la Seine à Paris ont été plus basses que celles de 1719 des quantités suivantes :

En 1800	0.17	en 1843 (corrigée)		0.03
— 1803	0.27	— 1849	—	0.10
— 1807	0.05	— 1854	—	0.04
— 1814	0.13	— 1856	—	0.02
— 1815	0.14	— 1857	—	0.45
— 1822	0.15	— 1858	—	0.70
— 1823	0.05	— 1859	—	0.60
— 1825	0.12	— 1861	—	0.54
— 1826	0.12	— 1862	—	0.22
— 1832 (corrigée)	0.07	— 1863	—	0.67
— 1842 (id.)	0.13	— 1864	—	0.62
		1865	—	1.14

Il résulte des chiffres qui précèdent que depuis 1732 le régime d'été de la Seine présente quatre périodes de sécheresses différentes.

Ces chiffres font déjà voir que le xixe siècle comparé au xviiie est relativement très sec ; mais on constate en outre depuis 1732 jusqu'en 1865, dans le régime de la Seine à Paris, des périodes d'humidité et de sécheresse très remarquables.

Ainsi de **1732** à **1799** inclusivement, période d'humidité, la Seine ne descend qu'une année sur neuf au-dessous du zéro. De **1800** à **1826** inclusivement, période de sécheresse, la Seine descend une année sur trois au-dessous du zéro, le maximum est 0″27. De **1827** à **1856** inclusivement, période d'humidité, en trente ans, en faisant abstraction des années 1843, 1854, 1856 qui ne peuvent être considérées comme années sèches, la Seine ne descend que tous les dix ans au-dessous du niveau de 1719. Le maximum observé est 0″13.

Enfin de **1857** à **1865** inclusivement, sécheresse sans exemple; la Seine est descendue tous les ans, excepté en 1860, au-dessous du niveau de 1719; le maximum atteint a été 1ᵐ14 et a dépassé de 0ᵐ87 le maximum des autres périodes qui était 0ᵐ27.

Si l'on tient compte du nombre de jours de sécheresse de ces périodes, on trouve des résultats non moins remarquables.

Première période, 1732 à 1799 (70 ans) : la Seine est restée au-dessous du zéro pendant quarante jours, soit par an en moyenne 0 jour 57.

Deuxième période, de 1800 à 1826 (27 ans).

En 1800, jours de sécheresse	29	
— 1803 —	113	
— 1807 —	5	
— 1814 —	17	278 jours
— 1815 —	44	soit 10 j. 67
— 1822 —	21	par an.
— 1823 —	2	
— 1825 —	15	
— 1826 —	32	

Troisième période, de 1827 à 1856 (30 ans).

En 1832, jours de sécheresse	10	67 jours
— 1842 —	52	soit 2 j. 23
— 1849 —	5	par an.

Quatrième période, de 1857 à 1865 (9 ans).

En 1857, jours de sécheresse	85	
— 1858 —	180	
— 1859 —	108	896 jours
— 1861 —	106	soit 100 jours
— 1862 —	46	par an.
— 1863 —	78	
— 1864 —	125	
— 1865 —	168	

La quatrième période est donc incomparablement la plus sèche.

En faisant noter les échelles hydrométriques nous avions recommandé aux ingénieurs de placer le zéro au-dessous du plus bas étiage connu, afin d'éviter les cotes négatives. En 1857, 1858, 1859, 1861, 1862 et 1863, le niveau de l'eau est resté très longtemps au-dessous du zéro de l'échelle, et par conséquent s'est abaissé au-dessous des plus basses eaux connues.

Ces faits sont confirmés par les observations faites sur tous les cours d'eau du bassin.

Les faits qui précèdent prouvent donc que la période de sécheresse dans laquelle nous nous trouvons est la plus extraordinaire qui ait été observée depuis qu'on fait des observations régulières sur la Seine à Paris, c'est-à-dire depuis 1732 et même depuis 1719. L'observation suivante prouve qu'on peut remonter beaucoup plus haut sans rien trouver qui soit comparable.

Il est certain qu'aucune sécheresse aussi forte et aussi persistante n'a eu lieu depuis 1719, et il est probable qu'on n'a rien vu de semblable depuis 1610. — Jaugeages de l'aqueduc d'Arcueil.

On admettait généralement avant 1857 que le débit minimum de l'aqueduc d'Arcueil était de 800 à 1,000 mètres cubes par vingt-quatre heures; jamais les jaugeages faits depuis 1610 n'avaient accusé un débit moindre

En 1857, 1858, 1859 et 1863 il est tombé à 848, 419, 240 et 328 mètres cubes (1). En remontant jusqu'au commencement du xvii° siècle on ne trouve donc aucun exemple d'une pareille sécheresse.

Les dernières années de sécheresse extrême ne sont pas les moins pluvieuses du xix° siècle.

Ce qu'il y a de singulier, c'est que ces sécheresses ne se justifient nullement par la diminution des moyennes annuelles des hauteurs de pluie.

J'ai fait établir huit observatoires pluviométriques à Paris; voici les moyennes annuelles constatées dans la période de sécheresse.

			millim.
Année 1858.			499 . 8
— 1859.			592 . 1
— 1860.	Année humide		690 . 8
— 1861.	»		470 . 7
— 1862.	»		548 . 6
— 1863.	»		431 . 3
— 1864.	»		409 . 4

Ces hauteurs sont, sans doute, bien inférieures à la moyenne annuelle de Paris, qui est (cour de l'Observatoire) 575,57.

Mais on a constaté fréquemment à Paris des années moins pluvieuses encore et qui sont loin d'avoir produit de pareilles sécheresses.

Je citerai notamment les années :

			millim.
Année 1818.	Hauteur de pluie		478 . 3
— 1822.	»		477 . 8
— 1823.	»		523 . 3
— 1825.	»		519 . 1
— 1826.	»		472 . 1
— 1832.	»		525 . 8
— 1834.	»		431 . 2
— 1840.	»		467 . 9
— 1842.	»		389 . 1

Plusieurs de ces années sont moins pluvieuses que celles de la période actuelle, et néanmoins les sécheresses qu'elles ont produites sont insignifiantes, si on les compare à celles de 1858 et de 1863. (*Voir* ci-dessus.)

Ce qui prouve que la sécheresse ou l'abaissement du niveau des cours d'eau tient au moins autant à la mauvaise répartition des pluies qu'à la diminution de leur hauteur moyenne annuelle.

Cela tient à ce que l'abaissement du niveau des cours d'eau, ou si l'on veut, la sécheresse telle qu'on la comprend vulgairement, est loin de tenir seulement à la hauteur de pluie tombée dans l'année.

Il faut tenir compte en outre :

1° De la sécheresse des années précédentes.

2° De la continuité des pluies. Une forte pluie précédée de sécheresse est sans action sur les cours d'eau.

3° De la saison ou la pluie tombe. J'ai démontré il y a longtemps que les pluies tombées de juin en octobre ne profitent, pour ainsi dire, point aux cours d'eau.

---

(1) 31 décembre 1857 . . . . 848 m. c.
1ᵉʳ août 1858 419
Du 1ᵉʳ au 15 septembre 1859 240
En 1860, année très humide, le débit se relève et le 1ᵉʳ avril 1861 on obtient le maximum 3996. Mais les sécheresses de 1861 et 1862 abaissent le débit des sources qui, le 15 novembre 1862, tombe à 791 m. c. et le 1ᵉʳ octobre 1863, à 478
et le 30 novembre 1864 328

Les années de sécheresse extrême tiennent donc au moins autant à la mauvaise répartition des pluies qu'à leur rareté.

J'ai déjà constaté le même fait pour les années de crues extraordinaires; la hauteur des pluies de 1740 ne dépassait pas sensiblement à Paris la moyenne annuelle; mais les pluies étaient très mal réparties; le premier semestre avait été très sec, et le dernier très pluvieux; de là la grande crue du 26 décembre.

J'ai fait voir aussi que si les pluies tombées en janvier 1861 avaient été un peu plus persistantes, par exemple, si les pluies de mars étaient tombées en janvier, la crue du 5 de ce dernier mois aurait continué à monter et aurait probablement atteint le niveau des crues extraordinaires, en sorte que cette année aurait offert à la fois un exemple de grand débordement et de grande sécheresse.

On ne peut donc conclure ni de la rareté des crues extraordinaires ni des sécheresses extrêmes de ces dernières années, que la moyenne annuelle des hauteurs de pluies ait diminué.

Les faits observés ne prouvent ni que la hauteur moyenne des pluies annuelles ait diminué, ni que le régime du fleuve ait subi une modification.

Il serait encore moins rationnel d'en conclure que le régime du fleuve ait subi une modification quelconque.

Si, comme le disent quelques ingénieurs, le déboisement du bassin avait rendu le sol plus perméable et diminué la hauteur des crues en facilitant l'absorption des eaux pluviales, la conséquence forcée de cette modification aurait été un relèvement du niveau d'étiage; or, on vient de voir qu'en apparence c'est le contraire qui a lieu.

En réalité il n'y a rien de changé dans le régime du fleuve, et il faut attribuer à des circonstances purement fortuites ou à des phénomènes à longues périodes dont les lois ne sont pas encore connues, les modifications apparentes du régime des grandes et basses eaux observées dans le XIXe siècle.

Conclusions

Tout au plus pourrait-on admettre que les dragages persistants exécutés dans ces dernières années et le bon entretien du lit du fleuve ont diminué le niveau d'étiage de quelques centimètres; mais cela ne suffit pas pour expliquer les sécheresses de ces dernières années.

N° 4

Dans les pièces annexées au deuxième mémoire de M. le Préfet sur les eaux de Paris (16 juillet 1858), on trouve une série d'essai hydrotimétrique des eaux de plus de trois cents sources d'où l'on a tiré la classification suivante par ordre de pureté.

Degrés hydrotimétriques.

1°	Sources du granit du Morvan................	de 2° à 7° »
2°	» du greensand, craie inférieure..........	de 7° à 12° »
3°	» du sable de Fontainebleau.............	de 6° à 22° »
4°	» de la craie blanche..................	de 12° à 19° »
	» de l'infra-lias.....................	de 11° à 19° 50
5°	» de la craie marneuse................	de 14° 50 à 22° »
6°	» du calcaire à entroques..............	de 16° 90 à 21° 50
	» des calcaires de Beauce...............	de 17° à 23° »
7°	» des calcaires oolitiques durs...........	de 17° 50 à 26° »
	» de quelques coteaux crayeux voisins de la Brie...	de 17° à 27° 30
8°	» des marnes vertes, régions non gypsifères....	de 19° 60 à 30° »
9°	» de l'argile plastique.................	de 20° à 35° »
10°	» des calcaires oolitiques marneux.........	de 21° 50 à 34° »
11°	» des terrains tertiaires entre les marnes vertes et l'argile plastique.................	de 21° 50 à 46° »
12°	» du lias........................	de 27° 50 à 120° »
13°	» des marnes vertes, régions gypsifères.......	de 23° » à 155° »

On voit par ce tableau que les sources de la craie blanche qui occupent le quatrième rang sont les plus pures des sources calcaires. Il faut ajouter que leurs eaux sont incomparablement plus agréables que les eaux des sources des terrains siliceux qui occupent les trois premiers rangs.

Les premières études ont également démontré que les sources des calcaires de Beauce, qui occupent le sixième rang, ne peuvent être dérivées, parce qu'elles ont une valeur industrielle trop grande.

Néanmoins s'il était possible de les remplacer par un cube égal d'eau de la Loire, peut-être pourrait-on puiser dans les plus élevées et dans celles qui émergent hors de la tourbe un certain volume d'eau qui s'ajouterait utilement à celui de la dérivation de la Vanne.

C'est dans le bassin d'Essonne qu'on trouverait ces sources complémentaires; mais il n'y a pas lieu de s'occuper aujourd'hui de cette question.

Paris, le 16 décembre 1865.

Signé : **E. BELGRAND.**